Knowledge BASE 系列

一冊通曉 認識自己了解別人的基礎知識

圖解 心理學 修訂版

曾寶瑩 著　丁興祥 審訂

迎接心理學新圖像

文◎丁興祥（輔仁大學心理學系專任教授）

　　心理學到底在研究什麼？是心靈？行為？經驗？意識？還是生理變化？不同的時代，不同的研究取向，不同的關切會有不同的答案，唯一共同點，大概就是對人類自身的好奇。這樣的好奇探索，也不該是有一個標準答案滿足得了。

　　國內各大學心理系所增加，心理課程亦如雨後春筍，顯示國人越來越重視心理學，而且不想停留在坊間心得評述或八卦閒談，而想用更謹慎地學術態度去滿足對「人」的好奇。然而，在心理學的發展歷史上，也一度因為對「學術」尊貴的上綱要求，仿效「自然科學」研究原理，追求終極原理式答案而走入了迷惘的困境。

　　想要了解人的心理，恐怕有人類歷史就有。所以，心理學知識有個長長的過去，但心理學成為學科，卻只有短短的歷史。近代心理學來自西方十九世紀中葉，一般教科書以一八七九年德國人馮德（Wundt）在萊比錫大學成立心理學實驗室作為心理學的誕生指標。然而這樣在追溯心理學身世，其實是從自然科學的興起及實證主義逐漸取得學院中方法論優勢的歷史觀點來看的。西方心理學經過百年之發展，近年來反而重新反省心理學的知識與方法，重新檢視心理學的定位與未來。心理學本屬哲學範圍，馮德以「科學」的方式研究心理學，而德國人所謂的科學是廣義的，包含了自然科學及人文科學（精神科學），而心理學是可跨越這兩種科學的。不同的心理學主題所使用的方法也不一樣，馮德本人就是個好例子。馮德在研究低階心理（如感覺）時，運用類似自然科學實驗室的方法；但在研究高階心理歷程（如語言、思想）時，便運用人文科學的方法，如語言分析、民族神話研究。馮德甚至認為這樣取向的研究，可專稱「民族心理學」。馮德本人便採取多元取向研究心理學，心理學的身世，本來便具多元性質。

　　心理學的研究題目以及方法，受到時代背景影響，所以心理學是一門不斷演化的學問。目前市面上看到的心理學教科書多半譯自西方（美國）心理學，其大部分內容及受試者均受美國文化影響，可以說是美國的本土心理學。近年來西方心理學正不斷探討反省歷史及文化對心理學知識的影響，而產生出「歷史心理學」與「文化心理學」等新興發展，其認為的心理學這門學問，是在特定歷史文化脈絡中產生的知識。這種反省也在本國發生，例如：本土心理學、文化心理學、敘說心理學等的發展。我們師法西方心理學，就不要只拿別

人研究好的知識或發展好的研究方法，更要師法他們強烈的反省能力。正在西方反省心理學的性質及方法時，本國的心理學仍移植「西方」科學心理學知識為主，這是我們要加以警惕的。

心理學是一門複雜的學問，與「人」的經驗有關的學問。而「人」的問題比「物」的問題複雜而沒有定論。無論是身心問題、性善性惡、先天或後天、自由意志及決定論等，均是哲學領域爭論不休的問題。近代心理學雖然以「科學」方法來發展研究，一路發展而來，還是發現其研究背後的假設仍觸及上述的哲學爭議，除非視而不見，否則不可能無關，故至今仍爭論不休。因此，若想要仿效「自然科學」以研究「物理」的態度來研究「心理」，想要單純切割心理學自成系統於自然科學中，在了解「人」的複雜性上，是有其困境的，這也是近年來西方心理學的困境。

「圖繪心理學傳統整體形貌，走向心理學創新圖像」是本書的重要特色。本書用骨架式綱要般地圖陳出心理學清晰的輪廓樣貌，從人的基本心理歷程出發，介紹人的感覺與知覺，個人層次的學習與記憶、人格理論，到人的一生成長與發展，再到人與團體、社會之間的關係，另介紹壓力與心理疾病、諮商輔導與心理治療、企業組織相關心理學等應用領域。對於帶領讀者進入心理學學術領域而言，可謂清晰而完整。最後則反省了傳統心理學的定位與發展，介紹新興發展的本土心理學、女性心理學與文化心理學等，指出了未來心理學多元發展的面貌。

歷史流變，知識流變，心理學也在流變發展中的。面對新發展，我們應該要用辦喜事的心情來迎接多元心理學知識的時代。一個「百花齊放、兼容並包」的時代，將會開出創造的火花。我們應捨棄把心理學等同自然科學的幻想，放棄祈求有一個心理學「牛頓」的出現；即使在自然科學中，牛頓也被愛因斯坦所替代。「江山代有才人出，各領風騷數百年」心理學的歷史中，不但代有才人，即使是同一時代，也往往是群雄並起的。心理學仍不斷變化之中，這一代的人，應該學習和理解傳統心理學的精神和內涵，但更該在理解和反思後，重新看待處於社會文化脈絡中的「人」的「心理」與「經驗」，建構屬於這一代的心理學新形象。

那將是個多元而豐富的時代圖像。

目錄 CONTENTS

人如何學習與記憶？

人格如何建立及改變？

人如何與團體社會互動？

人一生的成長與發展

認識壓力與心理疾病

Chapter 8 諮商、輔導與心理治療

Chapter 9 企業組織中的心理學

Chapter 10 本土心理學與女性心理學

Chapter 1
什麼是心理學？

　　心理學由十九世紀左右發展到現在只有一百多年歷史，但對人類的影響卻無遠弗屆，從諮商輔導、學校教育、企業經營、精神醫學、生化科技、政治運作、廣告行銷到家庭關係……等，應用範圍幾乎涵蓋個人生活的所有層面，雖然心理學的作用如此廣泛，一般人對心理學卻有很多誤解，不是把趣味心理測驗當成心理學，就是把學過心理學的人都看成是算命先生。其實心理學是一門以系統方法研究人類實際心靈、行為與心智的學問，現在，就來讓我們一起來瞭解心理學的意涵、研究成果與應用情形吧！

學習
重點

● 趣味心理測驗就是心理學嗎？

● 心理學跟算命有沒有關係？

● 心理學是怎麼來的？

● 懂心理學有什麼好處？

● 心理學都研究些什麼？

心理學可以看透人心？

我們常會用星座、血型或趣味心理測驗來分析別人的個性，希望能看透對方的心理，增進感情熱度、得到長官的厚愛……，雖然每個人的目的不同，卻都希望能掌握對方與自己的個性和行為模式，以趨吉避凶，創造幸福。

趣味心理測驗準嗎？

星座、血型、趣味心理測驗甚至命理真的能讓我們掌握一個「人」？當我們用了這些工具以後，都會很自然的問一個問題：「準不準啊？這個結果真的可信嗎？」，答案則因為每個人的經驗而有很大的差異，同一個趣味心理測驗A君做完以後可能驚呼：「太準了！」但給B君做卻可能只換來一句：「無聊，一點都不像我！」，其實就算是這些工具的專家，也沒有人可以斷言分析的結果有多少的符合度與預測力，這是因為他們沒有實際的研究基礎作為推斷根據。

趣味心理學與系統心理學的不同

心理學家為了說明心理學的不同，把心理學概分為沒有實際研究基礎的「趣味心理學」，或者說是「類心理學」，以及以實際研究為基礎的「系統心理學」，也就是一般口語說的「心理學」。「系統心理學」跟「趣味心理學」最大的差異在於「系統心理學」可以預估解釋、預測別人心理與行為的信心，也就是回答「有多準」的問題，因為「系統心理學」必須依循一套系統性的科學程序，對實際的人類現象進行研究，而這些由研究結果所建立的原理、原則必須禁得起反覆的檢驗，所以，如果線索足夠而且情況跟理論相符，「系統心理學」的確可以幫助你分析人心、掌握人性，並且協助人們解決心理問題。

系統心理學教你真正看透人心

正因為「系統心理學」不像「趣味心理學」可以由個人的經驗或思考而直接產生，為了瞭解人類，「系統心理學」必須進行許多紮實的研究，所以要瞭解「系統心理學」就必須花一點功夫來研讀。這也是為什麼「系統心理學」不像「趣味心理學」一樣淺顯易懂、活潑有趣，不過卻可以讓我們提高理解自己跟別人的能力、瞭解需求與滿足需求的方式、減少刻板印象的錯覺、增進問題解決的能力、避免傷害、提昇創造力等，雖然「系統心理學」沒辦法讓你批流年、算運勢，但只要潛心學習並讓自己保持對人的高度敏感，要想看透人心，可就沒什麼問題囉！

系統心理學？趣味心理學？

比較項目	系統心理學	趣味心理學
對實際現象進行研究	✔	
研究結果與原理、原則經的起驗證	✔	
可以做有效的推論	✔	
提高理解自己跟別人的能力	✔	
瞭解需求與滿足需求的方式	✔	
減少刻板印象的錯覺	✔	
增進問題解決的能力	✔	
避免傷害	✔	
提昇創造力	✔	
隨手可得		✔
淺顯易懂		✔
活潑有趣		✔

心理 ①②③ 受過科學檢驗的心理測驗較準確

系統心理學的心理測驗必須經過嚴謹的編製過程，依據心理學理論來製作問題，再請一群有代表性的人先做測驗，建立比較基礎；因此當受試者做完測驗，必須把結果跟這個基礎比較，才能加以解釋，也較為準確。趣味心理測驗則是編撰者以一個簡單的假設，編幾道試題，並決定結果如何解釋，所以測驗結論較不具可信度。

心理學研究什麼？

什麼是心理學研究的目標呢？是心靈？是行為？是情緒感覺？還是生理變化？其實這都是心理學的研究範疇，只是不同的研究目標不僅影響心理學知識的產生，也深深影響了心理學知識被應用的方式與範圍，以下是三個對心理學發展影響較深的研究目標。

找出行為與心理現象的因果關係

十九世紀時，隨著如物理學等自然科學的急速發展，人們越來越能解釋自然現象的因果關係，在這樣的時代背景下，心理學因為急迫的想成為一門科學，便學習自然科學的精神，假設人類行為與心理現象也和自然現象一樣，有因果原則，因此心理學應該找出全人類統一的行為與心理現象，並且發現促使它們產生的原因，例如生理心理學探討使人們產生感覺、知覺的生理基礎就是基於這個研究目標。

解釋人類行動與心理現象的意義

雖然人會受到身體、外在物理環境等自然物性的影響，但把心靈現象看成跟自然現象一模一樣並無法解釋所有人類的心靈經驗。狄爾泰曾針對這個問題提出人文科學與自然科學的差別，他認為，人文科學探討的人心內在經驗不像自然科學所探討的感官經驗，可以找到普世皆同的因果關係，因為人不像石頭這種自然物質，擺在哪裡本質都不會變化；人生活在社會文化下，行為與心理現象都會受到不同時代脈絡的影響。人文科學應該對個別、獨特的行動與心理現象加以理解、詮釋，探討其意義，才能真正理解自己與別人。當然，由於人有其生理的物性基礎也有與環境互動的人文基礎，所以心理學既是自然科學也是人文科學。

發展人們改變社會結構的能力

對人類行為與心靈現象進行理解、解釋的最終目的就是要協助人們改善生活。人類在歷史進程中被社會、政治、文化、經濟、種族、性別等種種因素形塑，心理學研究者必須打破迷思，探討人類行為與心理現象被社會權力結構壓迫的情形，使人們體會、理解自己被社會結構壓迫的事實，並幫助人們發展出改變社會結構的能力，才能逐步解除他們被深層結構壓迫所帶來的痛苦與掙扎，使人們能朝向更符合社會正義的生活邁進。本書第十章中的女性心理學，就是嘗試將女性由社會結構中解放出來的心理學研究範例。

心理學不同的研究目標

以自然科學觀點解釋人類行為與心理現象
研究可以解釋全人類受到生理物性影響的因果關係

社 會

以人文科學觀點理解人類行動與心理的意義
理解並詮釋人在社會文化脈絡下的行動與心理現象之意義

以揭開社會權力結構的角度幫助人類改變社會與自己
探討人類行為與心理現象被社會權力結構壓迫的情形,使人類有能力看見不公義的社會制度並加以改變。

15

多元觀點的心理學

心理學研究的對象包括人的精神、心理狀態與行為，也就是人的思考、情感與行動，雖然心理學研究的對象都是人，但是不同的心理學家對人的看法不同，關心的問題和研究方式、解釋角度就會有所不同。

研究目標各不同的觀點

在不同研究目標的引導下，就算對同樣的行為與心理現象進行研究，心理學也可以從許多不同的觀點切入：

◆**生理心理的觀點**：主要在研究腦與神經系統對於人類行為的影響，探究生理與心理的關聯，認為人受制於生理系統，遺傳與生化作用決定人的行為。◆**心理動力的觀點**：偏重在人的身心發展、情緒、行為動機、遺忘發生的情形與原因、人格的發展歷程、行為異常與心理治療等研究，研究重點在瞭解潛意識的影響力，認為行為的背後都有一個來自心理的動機，人會被本能所驅使。◆**行為主義的觀點**：偏重於人類學習方法、行為動機、社會行為以及異常行為的矯正等研究，研究可以觀察到、明顯的外顯行為，利用刺激與行為間的關聯來建立人類行為模式，認為人跟動物沒有太大的差別，都會對外界刺激加以反應，而且可以利用學習的原理原則來改變人的行為。◆**認知的觀點**：研究人的感覺、知覺、思考、記憶、學習、語言、決策、智力等認知處理歷程，透過行為指標來研究心智歷程，探討人從環境中如何獲得、組織、儲存和使用知識的歷程，將人視為處理外界訊息並據此反應的有機體。◆**人本主義的觀**點：強調人的意識活動，而非潛意識，主張人有向上、追求自我實現的本性，人可以超越基本的生理需求而發揮潛力與創造力，使個人與社會有更美好的發展。◆**社會文化的觀點**：重視人所處的的社會文化脈絡，理解人類行為與心理現象和社會文化脈絡之間的關係，以及人類行動與感受的社會文化基礎。

不同觀點的研究角度

以青少年犯罪研究為例，持不同觀點的心理學家如何進行研究：生理心理學家關心犯罪青少年在生理上是否缺少抑制行為衝動的能力；心理動力學家則希望由潛意識分析中瞭解青少年是否壓抑了某種本能；行為主義學家開始研究青少年學習犯罪行為的環境，試圖找出影響行為的刺激；認知學家研究青少年解讀訊息的方式以及問題解決策略；人本學家則試圖找出鼓勵青少年向上、自我實現的重要因素；社會文化學家則分析其文化價值觀是否鼓勵了青少年犯罪。這些心理學家們，由於對人的看法不同，所以使用了不同的研究方法來進行研究，瞭解這些不同觀點可以讓你對心理學、對人有更多元的理解角度。

心理學的各種觀點

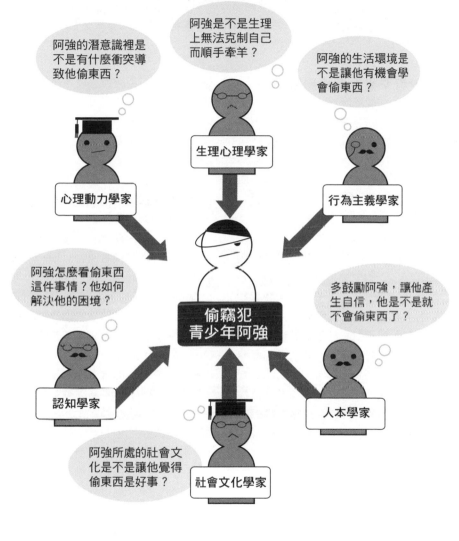

阿強的潛意識裡是不是有什麼衝突導致他偷東西？

阿強是不是生理上無法克制自己而順手牽羊？

阿強的生活環境是不是讓他有機會學會偷東西？

心理動力學家

生理心理學家

行為主義學家

阿強怎麼看偷東西這件事情？他如何解決他的困境？

多鼓勵阿強，讓他產生自信，他是不是就不會偷東西了？

偷竊犯青少年阿強

認知學家

人本學家

阿強所處的社會文化是不是讓他覺得偷東西是好事？

社會文化學家

心理學如何演變？

心理學既是一門古老的學問，也是一門年輕的科學。說它古老，因為心理學的前身可以追溯到人類早期的歷史；講它年輕，因為當代心理學是心理學家馮德在一八七九年於德國萊比錫大學正式創立，至今不過短短一百二十多年歷史。

源於哲學受生理學影響

當代心理學源自「哲學」與「生理學」，哲學心理學的起源可追溯到兩千多年前的希臘時期，由蘇格拉底、柏拉圖、亞里斯多德一直到笛卡兒。這些哲學家都致力於探討人類身體與心靈的關係、人類獲得知識的方式、人類行為是被哪些因素所決定，以及人受先天影響多還是後天教養影響多等人性問題，這些問題至今仍是現代心理學研究的主要焦點，所以說，心理學源於哲學。另一方面，由於哲學家對人類身體與心理關聯的關注，也開啟了生理學對心理學的影響。在笛卡兒以前，哲學家大多認為人的身體與靈魂是分別獨立的實體，人的思想行為若不是身體作用的結果，就是促使身體活動的原因，這就是所謂的一元論。不過，笛卡兒則認為人的身體就像一部機器，動作與行為是由身體的物理運作而產生，不受靈魂支配，但是人的靈魂讓人產生思想，思想則可以支配身體，這就是所謂的二元論，笛卡兒的看法開啟了十九世紀尋找行為生理基礎的研究。在十九世紀初，大腦神經解剖學的知識開始發展，一八三三年，謬勒出版人類生理學手冊，提出神經系統與心理現象的明顯關連，一八六〇年代，布洛卡等人發現左腦半球皮質前葉和語言表達有關，至此心理學開始受到「生理學」的影響。

仿效自然科學進入科學領域

大部分的心理學史將德國生理學家馮德在一八七九年於德國萊比錫設立第一座心理實驗室視為科學心理學的開端。因為馮德當時主張放棄哲學思辯傳統，改用自然科學實證取向研究心理現象，從此確立了科學心理學的成立。馮德也是第一個認定心理學研究的對象應該由哲學所關心的靈魂、心靈，改變到人的感覺、知覺、情感等直接意識，進一步發現意識的基本元素，以及由這些基本元素組成的複雜意識經驗。馮德的想法後來被他的學生提欽納命名為「結構主義」，提欽納並進一步開啟結構學派的思潮。結構學派後來受到以詹姆士為首的功能主義的批評，功能主義認為分析意識的組成結構並不能瞭解心智的目的，要探討心智，首先必須研究人類發展心智的目的，以及心智實現這個目的的方式，人類心智的發展應該跟達爾

心理學發展簡表

古希臘時期	**哲學心理學** 研究靈魂之學	**探討身體跟靈魂的關係** 代表人物：蘇格拉底、柏拉圖、亞里斯多德

16世紀文藝復興後，從四大人性問題發展出三個重要學派：

近代	**哲學心理學** 研究心靈之學	**理性主義** 認為人的知識來自天生理性 代表人物： 笛卡兒、斯賓諾沙、康德 **經驗主義** 知識的累積來自感官經驗 代表人物： 洛克、柏克萊、休謨 **浪漫主義** 主張對人性的探索應從個人整體去進行了解，強調人的自由意志 代表人物： 盧梭、哥德、尼采

現代	**科學心理學** 研究意識的科學 研究行為的科學 研究行為與心理的科學	● 1879──馮德創立了第一個心理學實驗室，現代心理學於此誕生。 ● 1913──華生發表＜行為主義者對心理學的看法＞一文，認為心理學應研究人的外顯行為而非內在意識，發展出行為學派。 ● 認知學派、精神分析學派、完形心理學、人本心理學……等各學派不斷湧現，對人性的研究包含心理與行為。

文提出的物種演化論一樣，是為了幫助人類適應環境而進化的，心理學因此有了應用科學的色彩。

各門學派不斷湧現

功能學派與結構學派研究的對象都是人的內在歷程，這個觀點在一九一三年時受到美國心理學家華生的攻擊。他認為內在的心理歷程無法直接、客觀的觀察，更無法拿來解釋外顯的行為，所以心理學應該直接研究外顯行為，這就是行為學派的由來。到了一九五○年代，心理學家又開始將興趣轉向意識與內在心理歷程的基本問題上，逐漸發展出重視人類心智歷程的認知心理學。

此外，由偉特海默於一九一二年在德國創立的完形心理學同樣反對結構學派，不過完形心理學不反對研究人的內在意識，但反對將人的心理元素化、結構化的看法。完形心理學認為，部分知覺的合不會等於整體知覺，所以也不同意行為主義將行為分割為元素的研究方式。

精神分析學派掘起

除了傳統哲學心理學演變過來的科學心理學之外，還有一個由長期面對精神病患者而發展出來的心理學，就是由維也納精神科醫師佛洛伊德於一九○○年所創立的精神分析學派。佛洛伊德主張人類的行為跟其潛意識有關，研究人類行為必須瞭解其精神體系運作的情形。之後，反對佛洛伊德認定「人都是被本能與早期經驗決定」的心理分析師匯集成了一股新的力量，釀成了人本心理學的發展，認為人是自己命運的控制者，可以超越本能、發揮潛能實現理想。

邁向多元取向

由上面介紹的傳統心理學發展歷史中我們可以瞭解，各種不同取向的心理學在不同時代背景下，基於不同的研究目標而被發展出來，直到今日，諸如敘說心理學、文化心理學、辯證心理學、現象學心理學、批判社會心理學、女性主義心理學等與傳統心理學大不相同的心理學，也在對傳統心理學的反省聲浪中不斷發展。心理學就是這樣一門學派多元，沒有統一假設與方法的人性科學。本書選取內容主要為傳統心理學的知識介紹，若想要對人性進行全面理解，則應該進一步涉獵不同取向的心理學知識。

哲學心理學與科學心理學的區別

哲學心理學或科學心理學都是對人性本質進行研究的學問，他們之間最主要的不同在於研究方法，哲學心理學是哲學家根據神話、傳說或自己的所見所感，而對人性所做的推理解釋，這種哲學思辯不需通過實證，而科學心理學則必須以經得起驗證的科學方法對人性現象進行研究。

各門學派發展簡表

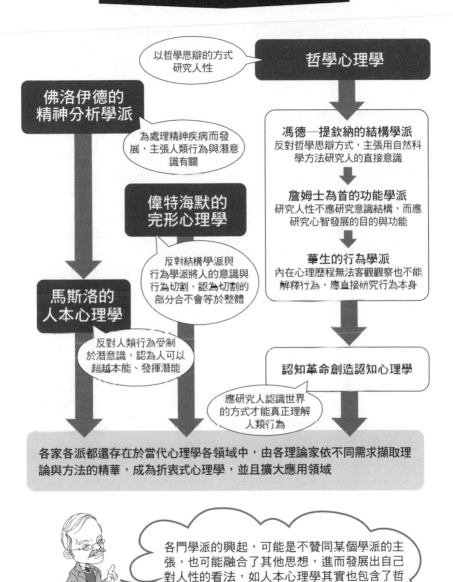

以哲學思辯的方式研究人性

哲學心理學

佛洛伊德的精神分析學派

為處理精神疾病而發展，主張人類行為與潛意識有關

馮德—提欽納的結構學派
反對哲學思辯方式，主張用自然科學方法研究人的直接意識

詹姆士為首的功能學派
研究人性不應研究意識結構，而應研究心智發展的目的與功能

偉特海默的完形心理學

反對結構學派與行為學派將人的意識與行為切割，認為切割的部分合不會等於整體

華生的行為學派
內在心理歷程無法客觀觀察也不能解釋行為，應直接研究行為本身

馬斯洛的人本心理學

反對人類行為受制於潛意識，認為人可以超越本能、發揮潛能

認知革命創造認知心理學

應研究人認識世界的方式才能真正理解人類行為

各家各派都還存在於當代心理學各領域中，由各理論家依不同需求擷取理論與方法的精華，成為折衷式心理學，並且擴大應用領域

各門學派的興起，可能是不贊同某個學派的主張，也可能融合了其他思想，進而發展出自己對人性的看法，如人本心理學其實也包含了哲學中浪漫主義的思想。

傳統心理學有哪些類別？

傳統心理學成立的最大宗旨有兩個，一個是描述、理解人類的心理與行為，另一個則是協助人們解決問題，為了達到這兩個目標，持不同觀點的心理學家各自進行不同的研究，並且把這些研究應用到不同的場合與對象上。

傳統研究類心理學有哪些？

傳統心理學又可以概分為「研究類心理學」與「應用性心理學」，前者致力於找出人類心靈與行為的根本原理，較常見的分門有：◆認知心理學：研究人與動物的心智歷程，如：知覺、記憶、注意力、概念形成、語言、思考與決策歷程等，關心人類處理環境訊息的方式與影響。◆生理心理學：主要研究人與動物的感覺器官、神經系統（大腦）、內分泌系統三方面的功能，包括對學習、記憶、感覺、情緒、動機、性行為與睡眠等行為的研究。◆實驗心理學：利用實驗方法來研究人類行為的共通普遍原則，如學習、知覺、動機與記憶等。◆發展心理學：以全人發展觀來探討個體一生的行為變化與年齡之間的關係，探討個體由受孕到死亡，行為與遺傳、環境、成熟、學習、個別差異、發展階段等因素的關連。◆社會心理學：研究個人在社會環境中與人互動時的相互影響。探討人際關係、態度、攻擊與助人、團體影響、群眾行為、領導與被領導角色行為等。◆人格心理學：研究人格的組成與發展，並試圖瞭解影響組成與發展的因素。◆比較心理學：研究動物行為，並由此推導人類行為，研究動物的本能行為、對環境的適應與學習、添加藥物的實驗反應、親子關係、交配與攻擊行為等。◆女性心理學：研究女性心理與女性發展歷程，如母親角色、女性的自我發展、女性的道德發展歷程、女性的成就動機等。

傳統應用性心理學有哪些？

應用性心理學則致力於將心理學的原理應用於真實社會的日常生活問題中，較為普遍的學門有：◆臨床心理學：幫助心理失常的人，經常在醫院、監獄、療養院等地方工作，運用心理學知識協助心理失常者瞭解自我並改善生活適應的情形。◆諮商與輔導：對生活適應困難卻又還沒有達到心理失常的人提供協助，運用心理學的知識提供建議、改變求助者的行為與想法、引導求助者思考分析並設法解決問題。◆心理衛生：推動心理健康的預防措施，施行各項促進心理健康的活動以避免心理問題的產生。◆教育心理學：運用心理學的理論知識來改善教學方法與學習品質。◆工業組織心理學（工商心理學）：解決組織中由生產到消費過程有關人類行為

的所有問題，主要內容包括工作分析、甄選與訓練、教育與發展、激勵工作動機、工作壓力、職能評量、市場調查、廣告宣傳等。◆犯罪心理學：研究犯罪行為與相關的影響因素，包括犯罪動機、犯罪情境等。

心理學領域的工作有哪些？

心理學類別		主要工作內容	工作場所	工作職稱
研究類心理學	生理心理學	對人類行為、心靈、人際互動等等心理現象進行研究，找出理解、描述這些現象的原理原則	主要在大學、學術研究機構或民間機構研究單位，如中研院、心理學學會等。	教授、研究員
	發展心理學			
	認知心理學			
	社會心理學			
	人格心理學			
	女性心理學			
應用類心理學	臨床心理學	精神問題的診斷與治療	醫院與療養院的精神科	臨床心理師
	諮商與輔導	協助學生、民眾面對生活困難與處理情緒困擾	一般諮商中心	諮商心理師、輔導老師
	教育心理學	協助學生促進學習與在學社交生活	教學研究單位	教師、教學行政人員
	工商心理學	在企業內協助員工提高士氣、招募訓練成員、促進有效溝通	企業人事單位廣告行銷單位	人力資源管理師、工商心理師
	其他	將心理學的原理應用在其他場域中，如社會改革運動、犯罪防禦工作、運動員心理等	社運團體、警政機構、監獄、體育促進協會等	依機構所給職稱而定

Chapter 2
我們如何感覺、知覺？

　　人可以表現出行為、進行思考並對事物有所感受，這是靈魂的作用，還是生理反應的結果？心理與生理是彼此相互影響還是同時發生？有過這樣的經驗嗎？當你害怕的時候可以感覺到自己呼吸急促、手腳冰冷、全身冒汗，但也有時候是你發現自己全身發抖時，才知道心理正在害怕，那麼，到底是心理的恐懼影響了生理反應？還是生理反應決定了心理感受呢？這個問題一直到現在都還沒有確切的答案，不過由當代生理心理的研究結果來看，我們可以確信人類的生理與心理絕對有著密不可分的關聯。

● 大腦除了思考還會做什麼事？

● 生理和心理會相互影響嗎？

● 飢餓感及飽足感是怎麼來的？

● 睡覺時一定會作夢嗎？

●「性」是本能驅使的嗎？

大腦是感覺、知覺與思考的中心

人類行為大多與神經系統有關，神經系統包括了腦、脊髓、感覺神經、動作神經、交感神經以及副交感神經等，當神經系統受到腦傷、中風、脊髓受損等損傷時，人的行為、思考與感受能力就會受到很大影響。

分工合作的神經系統

不同神經系統負責的功能各不相同：◆**脊髓**：連接腦與其他的神經系統，負責將感覺神經接收到的訊息傳到腦部，再將腦傳達出的訊息轉送到動作神經，比方說我們能「看到」東西然後把東西「拿起來」，就是感覺神經將眼睛接收到的影像傳送到腦，讓我們看見東西，然後再發出拿東西的指令，傳送到動作神經，所以我們才會把東西拿起來，這些訊息的傳遞都必須經過脊髓。此外，脊髓也負責一些不必經過腦部運作的「反射動作」，例如拿到一杯滾燙的水，不需經過腦的思考、命令，就會立刻鬆手丟掉杯子。◆**感覺神經**：負責將知覺到的訊息傳送到腦部或脊髓去進行處理，如影像、聲音、氣味、觸感、口味等，這些訊息到腦部後人才會產生感覺。◆**動作神經**：負責將腦或脊髓傳達的命令傳送出來，以產生動作與行為。◆**交感神經**：不受個人意志力控制的神經，例如緊張時手心冒汗、心跳加快、呼吸急促等，都沒辦法由意志力加以控制，交感神經使人心跳加速、血壓升高、血糖增加、肌肉充滿血液，讓身體處於緊繃狀態。◆**副交感神經**：跟交感神經一樣不受個人意志控制，作用則跟交感神經相反，使人心跳減慢、血壓降低，並將運動部位肌肉的血液流到消化系統以促進消化。

神經系統的總指揮官—腦

腦又分成好幾個部位，主要包括前腦、小腦、腦幹三大部分，腦幹與人體內部生理作用有關，包括呼吸、心跳、消化、睡眠以及體重等都有關

交感神經是身體的緊急動員中心！

除了維持身體的基本運作，交感神經與副交感神經還負責身體的緊急動員，並且在動員過後讓身體恢復常態，當我們遇到危急狀況，例如緊張、害怕的時候，交感神經就會立刻提高心跳、血壓和呼吸的頻率，讓身體提高警覺，以應付意外的發生，等到狀況解除，副交感神經就讓心跳、血壓和呼吸都減緩下來，讓身體恢復平常的運作，以避免過度疲累，並且讓身體能夠補充過度消耗的能量。

神經系統運作方式

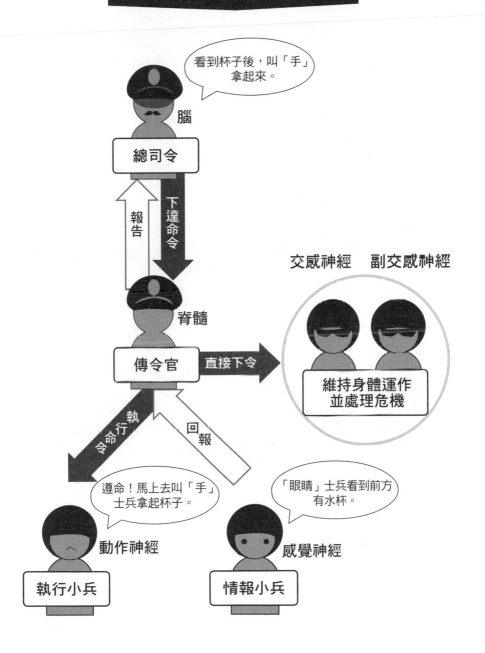

看到杯子後，叫「手」拿起來。

腦

總司令

報告

下達命令

脊髓

傳令官

直接下令

交感神經　副交感神經

維持身體運作並處理危機

執行命令

回報

遵命！馬上去叫「手」士兵拿起杯子。

「眼睛」士兵看到前方有水杯。

動作神經

執行小兵

感覺神經

情報小兵

係，小腦的主要功能在協調身體的動作並保持平衡感，大腦發出的動作命令由小腦負責執行，前腦則是大腦中最大也最複雜的區域，包括視丘、下視丘、邊緣系統與大腦皮質：◆**視丘**：除了嗅覺以外，所有的感覺訊息都會傳送到此處進行調節，並進一步被送到大腦皮質。◆**下視丘**：負責動機與情緒的維持，如調節體溫、規律飲食、控制與滿足性慾、調控攻擊行為、影響內分泌等。◆**邊緣系統**：跟很多功能都有關係，例如：記憶、情緒、動機、嗅覺、內分泌、學習及攝食等，若受損會表現出溫馴行為，受電流刺激則產生攻擊與暴力。◆**大腦皮質**：負責複雜的心理活動，與智慧、思考、判斷、創造力有關，整個大腦皮質又可依其功能區分為感覺區、運動區、聯結區，感覺區掌管皮膚的觸覺、壓覺以及視覺、聽覺等；運動區連接身體的六十條肌肉以指揮身體的活動；聯結區掌管推理、分析、思考、判斷、問題解決及語言等複雜的心智活動。

大腦示意圖

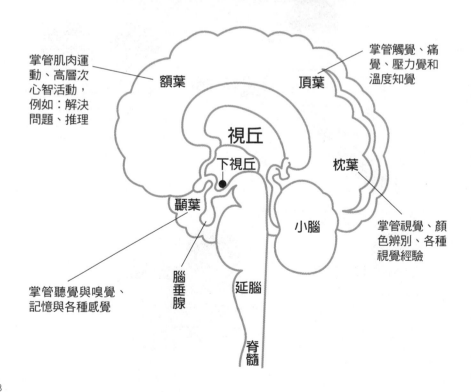

掌管肌肉運動、高層次心智活動，例如：解決問題、推理 —— 額葉

掌管觸覺、痛覺、壓力覺和溫度知覺 —— 頂葉

視丘

下視丘

枕葉

顳葉

小腦

掌管視覺、顏色辨別、各種視覺經驗

掌管聽覺與嗅覺、記憶與各種感覺

腦垂腺

延腦

脊髓

怎麼知道餓了還是飽了？

「民以食為天」、「吃飯皇帝大」這兩句話點出了進食對一般人的重要性，通常我們進食是因為飢餓，飢餓會使我們四肢無力、精神無法集中，必須進食才能恢復精神與體力，但是你可曾想過我們為什麼會有飢餓的感受呢？

為什麼會感到餓？

大部分的人會認為飢餓是因為我們感覺到自己的胃空了，不過如果一個人的胃被切除了，他仍然會感到飢餓，這是因為「想吃東西」並不只是來自於對胃的感受，還包括大腦對血液中葡萄糖、十二指腸與肝的感受，以及其他感官刺激與心理因素所控制：

◆**腦下視丘中的進食中心與飽食中心**：在血液中葡萄糖濃度的影響下，下視丘中的進食中心與飽食中心會感受飢餓或飽足，因而讓人吃東西或停止吃東西，如果破壞下視丘對葡萄糖的感受力，人就會吃個不停。◆**胃的感受**：胃對於溶解在胃中的營養有所感受，並依此發出停止進食的訊息給大腦。◆**十二指腸的感受**：十二指腸是小腸連接胃最前面的一段，當食物經過十二指腸時，十二指腸壁會分泌一種賀爾蒙：CKK，這種賀爾蒙會傳送「停止進食」的訊息到大腦去，CKK會讓人覺得「吃夠了」。◆**肝的感受**：在肝裡面有一個感受器，如果感受到肝正在將多餘的葡萄糖轉換成肝醣儲存起來，就會送出「飽了」的訊息到大腦去，人就會停止吃東西；相反的，如果感受到肝正在將肝醣轉換為葡萄糖，便會送出「飢餓」的訊息，讓人開始進食。◆**其他感官刺激與心理因素**：有時候，當我們已經覺得很飽，卻仍然忍不住貪嘴多吃，或者是明明已經餓了一、兩天卻不想吃東西，這就跟我們的眼、耳、鼻、舌等感官是不是有被誘惑，或者個人心理是不是有其他的動機或滿足感有關，例如：去吃吃到飽和正積極減肥的人都有很強的動機來控制他們進食的行為。

奇妙的進食控制機關──體重定點

進食行為藉由非常複雜的身心作用來協調，除了以上所提到的因素之外，另外還有一個控制長期進食方式而且跟體重息息相關的因素，那就是「體重定點」。一般人在一段時間內體重不容易有太大變化，人的體重會自動定位並維持不變，當個人體重因為外來因素而下降時，例如節食，那麼接下來幾天內他將食慾大增，以逐漸恢復定點體重。相反的，如果一連幾天大魚大肉，食慾也將下降，以逐漸恢復體重，如果想要保有健康、優美的體態，短時間快速減肥或急速增重都是沒有用的，只有長期、持之以恆的運動並配合適當飲食，調整「體重定位點」才有可能真正改變體重，否則你的身體可是會抗議的喔！

進食訊息來源表

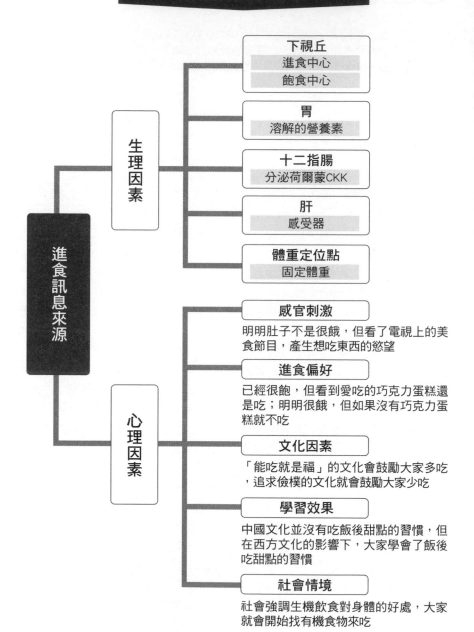

進食訊息來源

生理因素

下視丘
進食中心
飽食中心

胃
溶解的營養素

十二指腸
分泌荷爾蒙CKK

肝
感受器

體重定位點
固定體重

心理因素

感官刺激
明明肚子不是很餓，但看了電視上的美食節目，產生想吃東西的慾望

進食偏好
已經很飽，但看到愛吃的巧克力蛋糕還是吃；明明很餓，但如果沒有巧克力蛋糕就不吃

文化因素
「能吃就是福」的文化會鼓勵大家多吃，追求儉樸的文化就會鼓勵大家少吃

學習效果
中國文化並沒有吃飯後甜點的習慣，但在西方文化的影響下，大家學會了飯後吃甜點的習慣

社會情境
社會強調生機飲食對身體的好處，大家就會開始找有機食物來吃

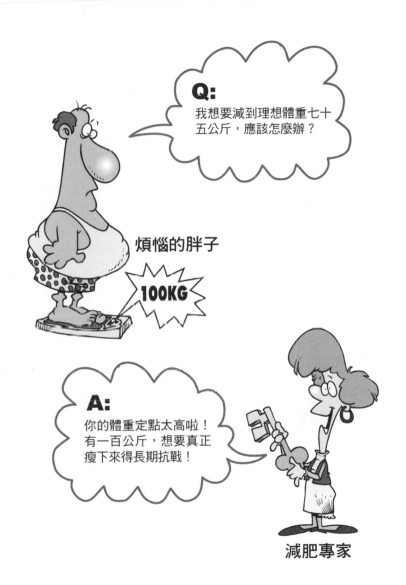

為什麼睡覺會作夢？

為什麼我們會作夢？一個晚上會作多久的夢？在哪些時候作夢？精神分析學派透過夢境瞭解人類的潛意識，分析你內心深處的困擾與需求。那麼，是不是所有的人都會作夢呢？

快速動眼睡眠期易作夢

要回答這個問題，必須先來瞭解人的睡眠狀態，觀察睡眠時的腦波圖可以發現睡眠共包含四個階段和一個特別的快速動眼睡眠：

階段一：初睡，剛進入睡眠的幾分鐘，意識昏迷，腦波減緩且不規律。

階段二：淺睡，入睡大約二十分鐘左右，腦波快速而不規則，高低波都會出現。

階段三：深睡，開始進入深度睡眠狀態，腦波緩慢。

階段四：沈睡，非常熟睡的狀態，腦波變得更為緩慢。

快速動眼睡眠（簡稱 REM）：腦波接近清醒狀態，身體卻十分放鬆，不容易叫醒，這時候闔著眼皮的眼睛會開始快速的移動，如果在這個階段把人叫醒，大部分的人會說自己正在作夢。

一般人一天睡八小時，大約會經歷四到五次的睡眠週期，每個週期約九十分鐘，但所經歷的睡眠階段不一定，分配的時間也不一樣，例如：在第一個週期時，大部分的時間都花在深睡與沈睡上，而快速動眼睡眠可能只有十分鐘，之後才會佔據較長的時間。一般來說，睡覺如果能經歷五次週期，就會有五次快速動眼睡眠，在快速動眼睡眠期作的夢通常都比較清晰、詳細、有情節且容易記得。

人人都會作夢嗎？

人為什麼要作夢呢？為了瞭解作夢的意義，認知心理學家發現如果剝奪一個人的「快速動眼睡眠」，那麼這個人第二天會有更長的「快速動眼睡眠」；而且，如果在學習完某件事後，剝奪他的「快速動眼睡眠」，結果會使他的記憶變差。這可能說明了人們在「快速動眼睡眠」時修改並重組訊息，所以作夢對人來說是很重要的；事實上，那些宣稱自己從沒作過夢的人，大多都是因為他們記不得自己「有作夢」，而不是不會作夢。

睡眠階段五週期

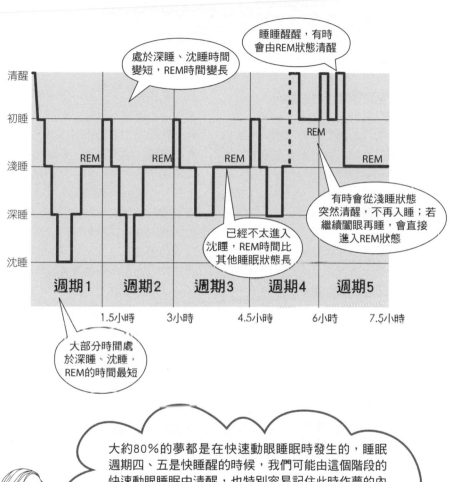

大約80%的夢都是在快速動眼睡眠時發生的，睡眠週期四、五是快睡醒的時候，我們可能由這個階段的快速動眼睡眠中清醒，也特別容易記住此時作夢的內容；其他的階段雖然也可能作夢，但大多不清晰或沒有故事情節，所以不容易記得。一般八小時的睡眠，大約可經歷五次睡眠週期，但這會隨個人睡眠習慣而改變，睡不夠就經歷不了那麼多次週期。

33

為什麼會有性需求？

你今天想過任何跟「性」有關的事嗎？想想看，以一週為單位，你想像過多少次性愛畫面？平均來說，成年男性約有 54%一天會想到一次性，成年女性也有 19%一天會想到一次以上的性，為什麼我們會有性慾呢？

滿足性慾要兼顧生理與心理需求

從演化的角度來看，性是為了確保人類的生存，但是性愛在演變的過程中早已跳脫了單純的生殖功能，性有時候是為了追求生理的歡愉、有時候則是為了滿足心理的需求，甚至可能是一種交換權力或金錢的方式。人類的性慾起源與當代意義已經演變得非常複雜，不過，不管再怎麼複雜，我們總是能真實的感受到性興奮，並且渴望能夠滿足性慾。要滿足性慾必須兼顧個人生理與心理的需求，心理需求方面因為每個人在乎的事情不一樣，所以個人差異很大，但生理反應則大同小異，一般而言男生跟女生在性反應的型態上非常相近，不過雖然兩性的性反應階段順序類似，但女性的變化較多、性高潮來得較慢、持續較久，許多女性可以在短時間內經歷多次高潮，男生在高潮過後很難在短時間內再次高潮。

性反應的四週期

不管是男生還是女生，做愛時可能出現的性反應週期包括以下四個階段：◆興奮期：持續時間由幾分鐘到超過一小時都有可能，胸部和乳頭漲大，性器充血，男性陽具勃起、女性陰蒂漲大、陰唇滑潤。◆高原期：個人非常興奮，呼吸和心跳加速、血壓上升。陽具完全硬挺，部分液體和精液濕潤陽具頂端，女性陰蒂內縮、陰道更為滑潤、乳房更膨脹，女性可以一直停留在高原期，男性則無法停留在高原期太久。◆高潮期：呼吸心跳快速、血壓升高，男女性器呈現規律性的抽慉，引發極度的快感與性發洩感，此時男性開始射精。◆消退期：逐漸恢復到興奮前的生理狀態，血液開始從性器官消退，男性會有一段失控期，陽具短時間內無法再次勃起。

由於性需求產生的原因不僅僅只是生理反應，越是社會化的環境，性需求就越複雜，如果想充分滿足身心各方面的性需求，最好的方法就是跟相愛的戀人一起，找出兩個人都舒服的方式，重視做愛的每個細節，不斷製造性愛情趣，而不是只要求性高潮，這樣才可能越做越快樂，越做越滿足喔！

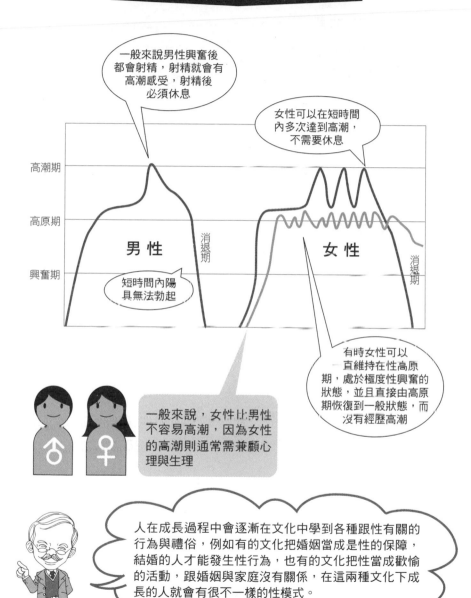

一般來說男性興奮後都會射精，射精就會有高潮感受，射精後必須休息

女性可以在短時間內多次達到高潮，不需要休息

高潮期

高原期

興奮期

男性

消退期

女性

消退期

短時間內陽具無法勃起

有時女性可以一直維持在性高原期，處於極度性興奮的狀態，並且直接由高原期恢復到一般狀態，而沒有經歷高潮

一般來說，女性比男性不容易高潮，因為女性的高潮則通常需兼顧心理與生理

人在成長過程中會逐漸在文化中學到各種跟性有關的行為與禮俗，例如有的文化把婚姻當成是性的保障，結婚的人才能發生性行為，也有的文化把性當成歡愉的活動，跟婚姻與家庭沒有關係，在這兩種文化下成長的人就會有很不一樣的性模式。

Chapter 3
人如何學習與記憶？

　　人活在世上，每天都在學習、記憶，從小學著吃飯、穿衣，大了開始學習老師教的知識，要學會這些事，除了聽得懂、做得來以外，更重要的，你還要能夠記得住！不然，今天學明天忘，你可能連自己是誰都不知道！不過，記憶雖然非常重要，有時候遺忘也很重要，想想看，如果痛苦的經驗不斷在你腦海裡反覆出現、揮之不去，那是多麼辛苦！所以，有時候我們希望自己記憶力過人，有時候又希望自己什麼都記不住，但是，記憶真的可以這樣隨心所欲被控制嗎？瞭解記憶形成與遺忘的方式，也許你就可以找出記憶的祕密喔！

- 我們是如何學會新事物？
- 為什麼我們會忘掉已經記住的事？
- 為什麼有人記憶很好？有人卻有健忘症？
- 記憶力可以訓練嗎？
- 痛苦的回憶真的可以忘掉嗎？

不同的學習方法

> 每個人每天都必須學習：學著打理自己、認識回家的路、理解學校功課、在社會生活的知識與法則、問題解決策略，甚至是防制 SARS 這類緊急危機的因應方式，失去學習能力，就等於喪失生活能力！那麼，人到底如何學習？又如何應用這些學習原理呢？心理學家認為人可以用以下幾種不同的方式來學習：

由刺激與反應的連結來學習

人可以跟動物一樣，直接學習刺激與反應間的連結關係，而不用真正瞭解它們的個別意義，如：閃電與打雷的關係、煞車聲與車禍的關係等，這些刺激與反應間的關係又因為不同的學習情境而有不同連結方式：

古典制約學習

養過寵物嗎？有沒有發現牠們總會找特定的人要東西吃？這是因為牠們已經把食物跟那個人連結在一起了。俄國心理學家巴夫洛夫做過一個有趣的實驗，他先在餵狗吃東西的時候測量牠的口水分泌量，再把食物倒進餐盤的同時搖動一個鈴鐺，一段時間後，巴夫洛夫發現，當他只搖動鈴鐺而沒有給狗東西吃的時候，牠也會分泌大量的唾液，唯一的解釋就是狗學到了鈴鐺跟食物的關係，這就是所謂的古典制約。也就是將某個原本不會引起反應的刺激跟另一個會引起反應的刺激同時呈現，結果，我們就會將反應跟這兩個刺激都連結起來；所以，不論出現哪個刺激，都會出現同一個反應。

操作制約學習

操作制約學習又稱為工具學習，就是說，我們學習是因為希望學會某種工具，以藉由這個工具得到想要的結果，避免承受不好的後果。如果我們把老鼠關在一個設有機關的籠子裡，當牠按對機關就會有食物吃，相反的，按錯機關就會被電擊，剛開始老鼠只是在籠子裡亂跑並且隨機的按到開關，因而得到食物或被電擊，一段時間後，老鼠就能學會只按對的機關而不會按到錯的。這就表示，老鼠的行為被行為後果的增強作用給制約了，食物正向增強了老鼠按對機關的行為，而電擊則負向增強，減少老鼠按錯機關的行為，也就是說，老鼠在嘗試錯誤的學習模式中，將行為與行為後果連結起來，這種連結就是所謂的操作制約。

一隻被關在籠子裡的飢餓老鼠

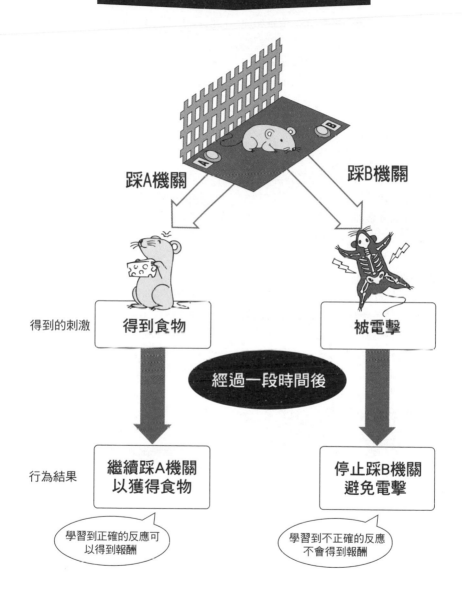

踩A機關　　　　　踩B機關

得到的刺激　　得到食物　　　　被電擊

經過一段時間後

行為結果　　繼續踩A機關
以獲得食物　　　停止踩B機關
避免電擊

學習到正確的反應可
以得到報酬

學習到不正確的反應
不會得到報酬

由認知頓悟與認知地圖來學習

前面所討論的兩種學習方式，都是將刺激跟行為，或者行為結果加以連結來進行學習，不需要瞭解他們的個別意義，也就是說，即使你都不懂也沒關係，只要能學到他們之間的關連就行了，這樣看來要達到學習的目標只要經驗夠就可以了，如果真是這樣，為什麼在同樣的訓練下，有人學得快，有人卻學得慢呢？顯然，學習不只是行為連結的結果，還要加上認知思考的能力，運用此能力，我們可以不必每件事都親身體驗，而是用腦袋瓜想想就可以學會新玩意喔！

認知頓悟學習

最早提出頓悟學習的是德國的心理學家柯勒，他做了一個很有趣的實驗來觀察猩猩的學習方式。首先他在房間上方綁一串香蕉，並在房間角落裡擺一個箱子，然後把一隻名叫蘇丹的聰明猩猩關進房間裡，剛開始蘇丹在香蕉下面跳來跳去，卻始終拿不到香蕉，於是蘇丹開始在房間裡走來走去，過了一陣子，蘇丹站在箱子前，把箱子推到香蕉下面，然後站上去拿到香蕉。後來，柯勒在房間地上散落一些高度和長度都不足以搆到香蕉的木箱和棍子，結果猩猩們很快就學會把箱子堆起來，甚至把不夠長的兩根竹竿插在一起變成一根長竹竿，就這樣把香蕉拿下來吃。這些猩猩沒有做出嘗試的行為，而是在盤算解決問題的辦法，再突然間表現出解決問題的行為，學會使用工具，或創造工具，這就是一種運用思考而產生的認知頓悟。

認知地圖學習

在沒有任何獎賞或懲罰的情形下，我們還會學習嗎？答案是：會的！即使你自己都不知道，大腦仍然會以潛在學習的方式讓你學到東西。心理學家托爾曼讓一隻老鼠在迷宮裡跑十天卻沒有給任何報酬，十天過後，在迷宮出口放上食物，結果發現老鼠非常快就能跑到出口吃食物，比起其他才剛開始走迷宮的老鼠要快多了，可見在這十天裡，這隻老鼠已經在大腦裡建立了一張迷宮的認知地圖，一旦需要這些知識，認知地圖的學習效果就會立即表現出來。建立認知地圖並不需要有立即的增強物，而是需要憑藉我們的認知能力。

認知頓悟學習

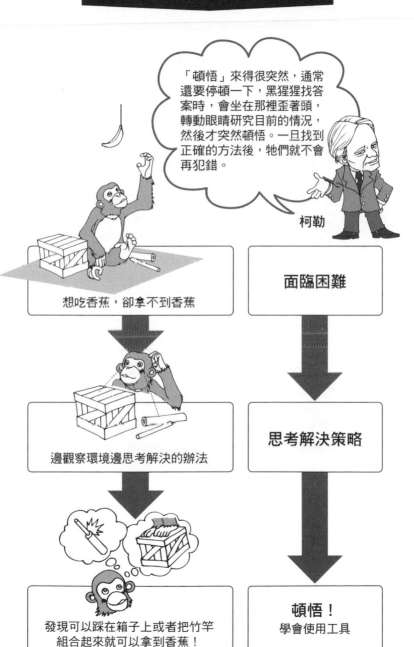

「頓悟」來得很突然，通常還要停頓一下，黑猩猩找答案時，會坐在那裡歪著頭，轉動眼睛研究目前的情況，然後才突然頓悟。一旦找到正確的方法後，牠們就不會再犯錯。

柯勒

想吃香蕉，卻拿不到香蕉

面臨困難

邊觀察環境邊思考解決的辦法

思考解決策略

發現可以踩在箱子上或者把竹竿組合起來就可以拿到香蕉！

頓悟！
學會使用工具

由社會觀察來學習

你知道為什麼電視、電影、網路等媒體要做年齡分級管制嗎？一些不被社會所容許的偏差、犯罪行為是如何形成的呢？又為什麼有人會說言教不如身教？其實這些都是因為人有觀察模仿的學習能力。

觀察別人學習經驗教訓

心理學家班杜拉在一九六一年做了兩個實驗，第一個實驗他把小朋友分成兩組，一組小朋友看到房間中的大人在玩玩具但卻忽略房間裡有一個大充氣娃娃；另一組則是看到大人攻擊房間中的大充氣娃娃。結果，看到大人攻擊娃娃的小朋友，以同樣暴力的方式對待娃娃，另一組則跟娃娃玩得很開心，顯示，小朋友的確藉由觀察模仿學會了大人的行為。班杜拉為了進一步研究觀察學習的影響因素，他再把另一群小朋友分成兩組分別看不同的影片，一組小朋友看的影片是大人在攻擊一個大充氣娃娃，之後還得到獎勵；另一組看的影片則是大人攻擊娃娃後被懲罰。結果發現，當小朋友們看到影片中的大充氣娃娃時，看到大人被獎勵的小孩有比較多的人會攻擊娃娃，而看到大人被懲罰的小孩則比較少人會去攻擊娃娃。班杜拉由此發現，人們除了用連結與認知方式來進行學習，更多的時候，會在社會中觀察模仿別人的行為以學習經驗或教訓。

觀察學習的影響因素

我們都看過別人抽煙、喝酒甚至吸毒，也看過別人認真工作、樂於助人，但為什麼我們沒有全部學會這些習慣或生活態度呢？原因在於當我們觀察到某些行為時，還必須經過自己評估，最後才決定會不會模仿該行為。一般而言，觀察學習會不會發生受到以下因素的影響：一、注意到觀察對象所表現出來的行為，且該行為是明顯而容易被清楚辨識的；二、把觀察到的行為放在心上；三、學習者有能力表現該行為；四、被觀察的行為有明確的行為後果；五、行為結果必須對學習者有正向增強，不論是外在增強或自我增強，學習者表現出該行為後會覺得滿足；六、學習者對被觀察模仿者本身有正面的評價；七、有機會表現出該行為；八、學習者和被觀察模仿者之間的人格特質或所處情境相似。

總結來說，社會觀察學習必須經過學習者的判斷才會發生，所以媒體分級制的目的就是希望父母師長能協助兒童及青少年做適切的判斷，不受媒體人物表現行為的誤導。

小朋友看電視學到暴力行為的歷程

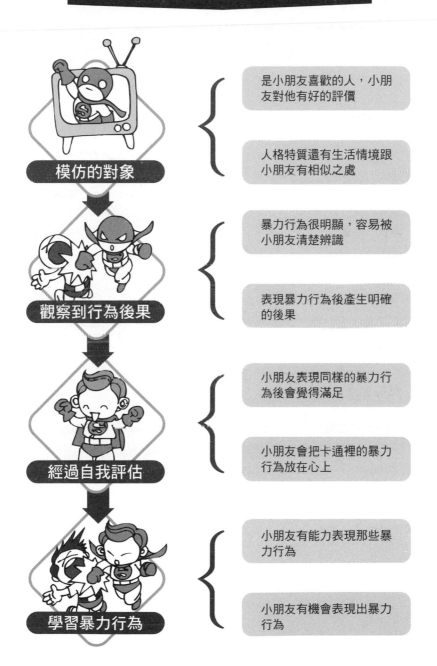

模仿的對象
- 是小朋友喜歡的人,小朋友對他有好的評價
- 人格特質還有生活情境跟小朋友有相似之處

觀察到行為後果
- 暴力行為很明顯,容易被小朋友清楚辨識
- 表現暴力行為後產生明確的後果

經過自我評估
- 小朋友表現同樣的暴力行為後會覺得滿足
- 小朋友會把卡通裡的暴力行為放在心上

學習暴力行為
- 小朋友有能力表現那些暴力行為
- 小朋友有機會表現出暴力行為

我們怎麼記住事情？

你記得今天看過幾種顏色的車子？聽到幾種不同的聲音嗎？為什麼有人可以將二、三十年前的陳年往事如數家珍，一個人名、地名都不會忘記，但剛剛才提醒他出門要帶的東西卻老是記不住？到底我們是怎麼記住事情、又如何儲存記憶呢？

處理記憶的系統

我們每天要處裡的訊息包羅萬象，從睡覺時做的夢，清醒時聽到、看到、感覺到的每件事情，顯然，被記下來的，都是有被注意到的訊息，而在這些被注意到的訊息中，又有一些被記得久一點、印象深刻一點，有些則印象模糊或者很快就被遺忘了，那麼，記憶到底是怎麼進行的呢？其實，在記憶運作的機制下，一件事要能被我們記住，而且以後還要能夠被想起來，必須經過一連串複雜的作業。基本上，我們可以將這個處理訊息的記憶系統大略的分為「感覺記憶」、「短期記憶」和「長期記憶」三個部分。

記憶運作的過程

訊息經由眼、耳、皮膚等感官進入感覺記憶中，等待被進一步的處理，但是因為感覺記憶保存的時間不到一秒鐘，所以大多數的感覺記憶在沒被注意到之前就已經流失或被掩蓋了。感覺記憶中的訊息一旦被注意到，就會進入短期記憶中暫時性的保存，短期記憶如果被單純的複誦，可以保存一段短暫的時間，但如果能進一步認識複誦的訊息，將它跟已經知道的事物或概念產生更多關連，就可以進入長期記憶中，得到較久的保存。這種複誦方式就是精緻性的複誦，也就是說，如果你能把想要記住的事情跟已經知道的事情做越多的連結，讓它們的關係越來越緊密，你就越容易記住這件事情。

以讀書為例，當你看到書本上的文字，這些文字訊息會先進入感覺記憶，當你在心中默唸出這些文字，文字便進入短期記憶之中，如果你只是不斷的複誦一段文字而不加以理解，那麼這段話可以在你的記憶中維持一段時間；如果你仔細理解其中的意義，並且將這段話跟以前學到的知識連結在一起，那麼，這段話就會進入長期記憶。所以有些記憶力強的人，其實並沒有花太多心力在背誦，只是力求理解，也就是活用了精緻性複誦而已。

記憶運作過程

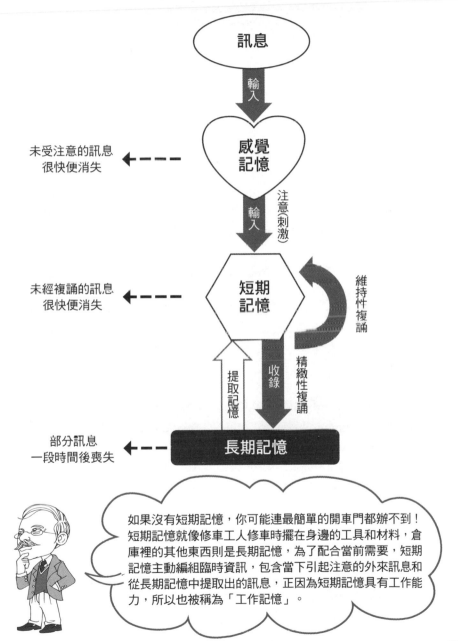

訊息

輸入

感覺記憶

未受注意的訊息很快便消失

輸入

注意(刺激)

短期記憶

未經複誦的訊息很快便消失

維持忄複誦

提取記憶

收錄

精緻性複誦

部分訊息一段時間後喪失

長期記憶

如果沒有短期記憶，你可能連最簡單的開車門都辦不到！短期記憶就像修車工人修車時擺在身邊的工具和材料，倉庫裡的其他東西則是長期記憶，為了配合當前需要，短期記憶主動編組臨時資訊，包含當下引起注意的外來訊息和從長期記憶中提取出的訊息，正因為短期記憶具有工作能力，所以也被稱為「工作記憶」。

已經記住的事情為什麼會遺忘？

感覺記憶、短期記憶、以及長期記憶都會隨著時間的流逝而慢慢消退。但是我們都知道有些記憶即使經過數十年也不會被遺忘，有的才剛記沒多久，卻已經完全不記得，顯然，除了時間以外，還有別的因素在影響我們對記憶的遺忘。

干擾影響記憶

心理學家發現，「干擾」也會使我們容易遺忘已經記住的事情，在短期記憶中，如果前後要記住的東西很相近，就會產生干擾現象。比如說，要你先記住三個英文字母，然後再記住另外三個英文字母，結果發現，第一組會記得比第二組好，這是因為前面的記憶干擾了後面的記憶，這就是所謂的「順向干擾」。換句話說，前後兩組記憶的內容性質越接近就越容易產生干擾，順向干擾的情形也會發生在長期記憶中。長期記憶還有另外一種干擾現象，那就是後面的記憶干擾了前面的記憶，也就是「逆向干擾」，例如當你搬家的時候，你會努力的想記住新家的電話號碼，結果新的電話號碼和舊的電話號碼競爭，就產生了干擾，如果你很難想起舊的電話號碼，這是因為新的電話號碼已經跟腦中的「電話號碼提取線索」連結起來，因而干擾了提取舊電話號碼的動作。

失去回憶的線索

有時候，找不到回憶的線索也會讓我們想不起一些事情，相信你一定有過這樣的經驗，有人走到面前跟你打招呼，他的臉和笑容你是如此熟悉，結果你還是叫不出他的名字也想不起自己是在哪裡認識他的，這個情形就是所謂的「舌尖現象」。其實你的長期記憶裡保有對他的記憶，但是因為缺乏線索，所以沒辦法把他的資料從記憶庫中提取出來，也許，多給你一點線索，比如說提到他跟你共同認識的人或一起做過的事，你就可以想起他是誰了！因為我們在記憶時，通常會將當時相關的人事時地物甚至是自己的心情一起記下，如果缺乏這些線索，就不容易想起過去記住的事情，看起來就很像是遺忘囉！

因為手術、外傷、酗酒、病毒感染或使用毒品而使腦部受損也會造成遺忘的現象，這種遺忘主要有兩種，一種是想不起來腦部受損以前發生的事情，例如車禍後就忘了過去的自己，另一種失憶則是沒辦法對新的經驗形成記憶，只能記住過去的事，沒辦法想起腦部受傷之後的任何事情。

造成遺忘原因

感覺記憶沒有被注意
剛聽到、看到的聲音、影像等訊息，沒被注意到就會立刻遺忘了

短期記憶沒有被複誦
被注意到的訊息進入短期記憶如果沒有經過複誦也會被遺忘

干擾
如果要記住的東西性質很接近，就容易互相干擾而容易遺忘，如電話號碼

造成遺忘的原因

時間
時間也會使我們遺忘，一般來說，時間對遺忘短期記憶的影響較大

找不到記憶線索
想不起當初記憶的相關線索也會讓人想不起要記憶的事情

腦部受損
手術、外傷、酗酒、病毒感染或使用毒品導致腦部受損，因而導致失憶

心理因素
有些記憶因為會引起不好的感覺，因而被刻意遺忘

心理 ①②③ 學到 150% 就不容易遺忘囉！

背單字的時候是不是害怕明明已經記住的字怎麼又忘了！到底應該背幾次才能保證不會忘呢？心理學家發現，如果能達到 150% 的練習效果就不容易忘了。舉例來說，如果背一個單字要十次才能記起來，那麼，再多背五次，就的學習程度，這樣的記憶效果是最好的！

最有效的記憶法

如果想擁有傲人的記憶力，必須增強兩個方向的能力：將記憶材料編碼的能力、由記憶庫中提取訊息的能力，而這兩種能力彼此之間又會互相影響喔！以下介紹幾種能加強記憶力的有效編碼以及訊息提取方式，看完之後，你可以馬上練習看看！

超級記憶術

◆**位置記憶法**：選擇一個平常很熟悉的路徑將它影像化，再把要記住的事情影像化，然後塞到這條路徑的各個位置上，比方說，你今天應該要做的事情有：繳瓦斯費、打電話確定機票時間、買外套、寄信，那你可以按照完成的先後次序形成右邊的位置路徑圖：把受款者是瓦斯公司的一張超大支票放在家門口、然後在捷運出口掛上放大一百倍的機票、大外套擋住校門口、外套口袋裡有一封貼好郵票的信，這樣你只要想起上學的路就會自動記住所有要做的事了。◆**樁字記憶法**：使用這個方法你必須先找出一串簡單常用的字音，如甲、乙、丙，然後找到發音很接近的字並形成這些字的影像，再把要記憶的影像和這些影像加以結合，例如：在「家」裡有一張沒繳錢的帳單、螞「蟻」咬著一張機票、「餅」乾堆在外套上，然後你只要唸出甲乙丙，就可以回憶出連結的心像而記住要做的事了。◆**心像記憶法**：將要記住的東西影像化，想像成一幅圖，例如：把支票、貼好郵票的信和機票都放在外套的口袋裡，你只要記住這個影像就可以了。◆**情境記憶法**：將記憶跟當時的情境一起記下來，例如當時的氣候、自己的心情、旁邊的人、時間等等，將來如果想不起來，可以先回憶這些相關情境，以作為記憶的提取線索。◆**多重概念意義連接法**：把要記憶的東西跟自己原本的知識或經驗加以連結，並且賦予意義，連結的事情或東西越多越好，譬如說要記住一個歷史事件，先分析這個事件的時間、性質，然後將它和你記得的同時間或性質接近的其他歷史事件加以連結。◆**自我參照記憶法**：將必須記憶的材料跟自己產生關連，比如說要記住一個人的名字跟臉，先想想他跟自己的關係，他是你的同學？什麼時候的同學？有沒有一起上課或出去玩？他是不是朋友的情人？他以後會不會成為你的同事？只要這個人跟你的關係越多，就越不容易忘記。

記憶方法

位置記憶法

透過上學的路想起要做的事：
繳瓦斯費→拿機票→買外套→寄信

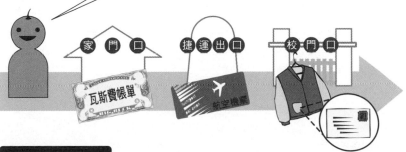

家門口　捷運出口　校門口

瓦斯費帳單　航空機票

椿字記憶法

利用單字來記住
要做的事：繳瓦
斯費、拿機票、
賞外套。

甲	乙	丙
家 裡有一張沒繳錢的帳單	螞 蟻 咬著機票	餅 乾堆在外套上

HOME
瓦斯費帳單

心像記憶法

透過圖像想起要做的事：
繳瓦斯費、拿機票、買外套、寄信

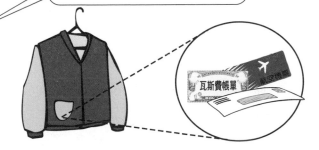

瓦斯費帳單　航空機票

被刻意遺忘的記憶

電影中常常出現這樣的情節：被強暴的女性無論如何都想不起來她為什麼會一身是傷、衣服殘破的躺在公園裡，面對警官、朋友跟家人的關心詢問，受害者既害怕又懊惱，因為不知道為什麼就是想不起來自己到底遇到了什麼事，這樣因為某個原因而刻意將記憶壓制的現象，就叫做動機性遺忘。

壓抑記憶的遺忘

動機性遺忘就是因為我們在情緒上無法承受曾經發生過的事，所以把這些事情給刻意遺忘了，其實這些鮮明的記憶並不是真的被忘記了，只是被深深的壓到了潛意識裡面，無法提取出來，也就是說，遺忘的背後隱藏了一個「不願意記得」的動機。佛洛伊德認為，人會不自知的將具有威脅性的想法、記憶與感受推到意識的範圍之外，讓我們沒辦法意識到這些事情，這樣一來人的自我就可以受到保護，但是這些被壓抑的記憶在潛意識裡卻還是可能影響行為，不存在於意識之中只是為了降低我們的焦慮。在臨床上可以發現許多刻意壓抑傷害經驗的個案，所以動機性遺忘也可以用來解釋人受到重大創傷後的失憶現象。

重組記憶的遺忘

不過近年來的研究認為遺忘是因為沒辦法有效的提取記憶，對於壓抑作用持保留的態度，他們認為這些痛苦記憶後來會比較不容易被想起，不是因為被壓抑掉，而是因為痛苦的記憶比較少被提取，也比較少跟記憶中其他的事情產生連結，所以可以幫助提取記憶的線索就越來越少，也就越來越不容易想起來了。

相反的，快樂記憶較常被提取，而且也會跟其他的新、舊記憶連結，可以幫助回憶的線索就越多，因此很容易被回想起來。而且，我們在回憶的時候常常會重新組織記憶的內容，比如說，當我們在提取快樂回憶的時候常常會誇大快樂的內容，而在回憶痛苦事件的時候，為了避免自己過於難過，於是把記憶中痛苦的部分淡化，幾次之後，痛苦事件的內容就比較不容易被完整記憶了。

防衛機制會造成動機性遺忘

當我們感受到威脅時，比如說會引起尷尬、罪惡、緊張等情緒的事，就會不自覺的啟動防衛機制來抵抗引起焦慮的事件，這些防衛機制都會否認、扭曲現實，而可能造成「動機性遺忘」。

防衛機制的種類

壓抑
將引起焦慮的事情壓制到潛意識讓意識無法察覺。

否認
在壓抑後否認引起焦慮的事情曾經存在。

反向
表現出和被壓抑的衝動完全相反的行為。

投射
將困擾自己的衝動歸咎到別人身上。

退化
退回較少挫折的生命階段，如兒童時期，並表現出孩子氣的行為。

合理化
將具威脅性的事情解釋成可以接受的方式。

移置
把衝動由一個具威脅性的對象或不可獲得的對象移到另一個安全可獲得的對象上。

昇華
將一個衝動的能量轉移到另一件事上。

Chapter **4**
人格如何建立及改變？

　　我們總是希望可以一眼看穿別人的個性，知道對方喜歡什麼、討厭什麼；遇到哪些人和事情會有怎麼樣的反應，如果我們對別人的性格瞭若指掌，就可以理解對方的行為、感受，甚至加以預測，以把握最適當的相處之道。但是，我們真的能百分之百掌握別人的性格嗎？而你對自己的性格又瞭解多少呢？觀察力過人的心理學家們對人性有不同的看法，透過他們的眼睛試著理解自己和別人的性格吧！

學習
重點

- 人格是如何形成的？
- 夢中的自己是真實的自我？
- 為什麼不同的民族會有相同的行為
  表現？
- 每個人都有屬於自己的人格嗎？
- 長大成人後人格就不再改變了嗎？
- 為什麼有人會出現異常行為？

什麼是人格？

在生活中我們常聽到：「她的個性就是那樣，你不要招惹她就好啦」、「這就是我的個性，你說什麼也沒用，我不會改變心意的」，這裡面的「個性」其實就是一個人的性格，也就是「人格」。人格包含明顯可見的外在行為和不易察覺的內心世界，人格可能終生不變也可能隨著人生發展而不斷變化。

人格如何形成？

基本上，因為對人的想法不同或者是關心的角度不同，心理學家對於人格也有不同的看法，例如有的心理學家認為人格在五歲以前就定型了，有的則認為人格終其一生都在變化發展。雖然人格心理學家看法各不相同，但綜合來說：人格就是指一個人在生命歷程中，對人、對事、對自己以及對環境適應時所具有的獨特個性，這個個性可能受到遺傳、環境、發展、學習的影響，在需求、動機、興趣、能力、性向、態度、氣質、價值觀、生活習慣和行動等不同身心特質的一組獨特而穩固的組合，影響個人在不同情境中的行為、思考和感受。

關於人格的疑問

不同的人格理論家雖然對人格有不同的想法，但他們對人性都提出了一些共通的重要問題：

Q1：人有自由意志嗎？還是由其它自己不知道也沒辦法控制的因素所決定的？

Q2：人是由遺傳或由環境所決定？人格是受先天遺傳影響較大，還是受到後天環境的影響比較大？

Q3：人格決定於小時候的經驗？還是受到現在遇到的事件、經驗以及對未來的願望、目標所影響？

Q4：每個人的人格都是獨一無二的嗎？我們的個性和別人有沒有相同的地方？

Q5：人格的功能在於維持個人的生理及心理平衡？人的行為是為了降低壓力、滿足生理需求、解除緊張狀態？還是為了發揮潛能、追求刺激、達到自我成長的目標？

Q6：人性是樂觀或悲觀？人的本性是慈悲憐憫還是冷酷現實？

從這些問題可以看出人格其實涵蓋的範圍非常廣泛，看待人格的方法也有很多不同的角度，也許某些理論特別符合你的經驗與想法，而其他的理論則適合用來解釋別人，人格學家對人性的看法提供了我們理解自己和別人的方式。

人格心理學

人格心理學家 / 論點	佛洛伊德	榮格	愛瑞克森	馬斯洛
自由意志 vs. 決定論	人沒有自由意志，行為受生命本能決定	人的行為由自由意志決定	年齡越大，越能以自由意志控制行為	人有自由意志，可以決定人格發展層次
先天 vs. 後天	人格一部分決定於遺傳，一部分決定於兒童早期的親子互動	人格受到先天自我實現的目標驅使，也會受到後天經驗的影響	學習經驗的影響比遺傳重要	內在需求是天生的，滿足需求的行為卻是後天學習而來的
過去經驗 vs. 現在經驗	五歲以前的經驗決定了個人人格	過去與現在的經驗都會影響人格	一生的經驗都會影響人格的發展與變化	過去與現在的經驗都會影響人格
獨特性 vs. 普遍性	每個人的人格本質相同，但個人經驗形塑人格的獨特性	每個人的人格在中年以前是獨特的，中年以後則趨向於一致	每個人的人生發展階段類似，但適應方法不盡相同	需求是普遍的，滿足需求的行為及自我實現的方式卻各不相同
平衡 vs. 成長	生命的目標在降低因需求引起的焦慮	人有追求成長、發展和進步的動機	每個人都有獲得希望、智慧、忠誠、愛、關懷的趨力與潛能	人都有希望成長、充實自我與發揮潛力的本能
樂觀 vs. 悲觀	人注定要跟內在力量抗爭並不斷經歷張力和衝突	人是正向、有希望、主動追求完美的	相信人是樂觀的，可以成功發展出適應環境的人格特點	只要人願意學習、成長，就能更快樂、更具生產力

55

佛洛伊德的潛意識

你對自己生活的行為都瞭解嗎？你是不是會做出一些連自己都無法理解的事？譬如：不由自主的反覆擦拭已經很乾淨的桌椅，或是一而再再而三的洗手卻不知如何停止，這些個人無法察覺與理解的行為動機可能在潛意識裡作用，影響一個人的行為表現。

潛意識暗地影響人的行為

佛洛伊德認為人的心理活動有三個層次：意識、前意識與潛意識，一個人在某時段內能意識或覺知的心理狀態與活動就是意識；不能意識與覺知的就是潛意識了，至於前意識則是介於意識與潛意識之間，一般情況下意識不到，但努力思考或回憶就可以覺知的事件或印象。佛洛伊德認為人的心理狀態就像一座冰山一樣，浮在水面上的部分約佔整座冰山的十分之一，相當於人的意識，而大部分浸泡在水面下的冰山則是潛意識。冰山底下的部分可以決定整座冰山的流動方向與速度，同樣的，潛意識控制並決定了我們大部分的行為，所以要瞭解一個人必須先瞭解他的潛意識。

自我、本我與超我

佛洛伊德認為一個完整的「我」應包含三個部分，分別是自我、本我跟超我，本我代表人格中最原始本能的部分，自我代表人格的現實部分，超我則代表理想與道德良知的部分。

本我儲存人性中最原始的衝動，這些衝動不受到個人意識的控制，有尋求快樂並要求立即獲得滿足的傾向，如：性的本能；也有一種不自覺的毀滅的傾向，如：攻擊與自虐的本能。

自我的功能主要是在調節本我的原始衝動，以符合現實環境的要求，又能滿足基本需求以維持生存，並管制超我所不能接受的原始衝動以維持三個我之間的平衡。

超我則是自我與本我的監督者，來自於小時候父母管教以及社會化的結果，包括理想的自我形象以及內化為道德良知的社會規範。

自我壓抑藏在潛意識中

基本上，本我經常和自我、超我產生衝突：有時候現實狀況並不允許

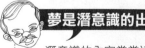

夢是潛意識的出口

潛意識的內容常常違反倫理道德觀念，所以會被排斥、壓抑到潛意識之中，但這些被壓抑的念頭並沒有被消滅，反而常常企圖要跑到我們的意識中，夢就是潛意識經常偷跑出來的方式。

個人滿足本我的需求，自我因為害怕表現出本我的衝動而被懲罰，所以產生焦慮；有時候個人也會因為擔心自己的行為不符合超我的要求，而受到良心的責備，因而產生焦慮，面對這些焦慮，自我便會約束個人的行為，以避開具威脅性的情境，或符合道德標準，但除了這些行為上的控制之外，自我還會利用「壓抑」的方法，將引起焦慮的慾望、衝動、經驗、記憶放置到潛意識之中，讓意識無法察覺，使焦慮暫時消失，但這些被壓抑的內容卻會在潛意識中繼續影響一個人的行為。

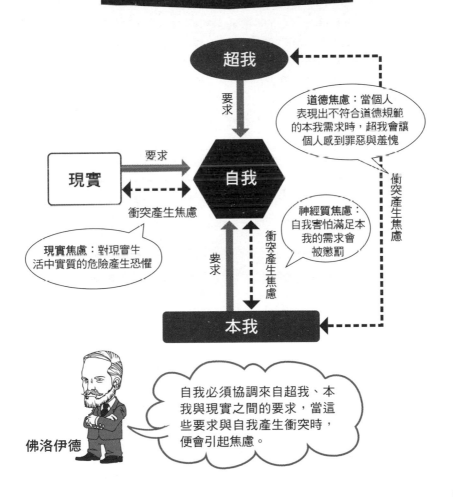

潛意識裡的衝突與協調

超我

要求

道德焦慮：當個人表現出不符合道德規範的本我需求時，超我會讓個人感到罪惡與羞愧

要求

現實

衝突產生焦慮

自我

現實焦慮：對現實生活中實質的危險產生恐懼

神經質焦慮：自我害怕滿足本我的需求會被懲罰

衝突產生焦慮

要求

衝突產生焦慮

本我

佛洛伊德

自我必須協調來自超我、本我與現實之間的要求，當這些要求與自我產生衝突時，便會引起焦慮。

榮格的集體潛意識

為什麼許多民族彼此沒有交流，甚至在時間上相隔遙遠，卻有著非常相像的行為和風俗習慣呢？為什麼沒有關聯的人會有相同的感受、行為和夢呢？榮格認為這都是因為人類共同擁有的集體潛意識在作祟。

先天遺傳的集體潛意識

榮格認為人類作為一個相同的物種，有著相同的身體結構與功能，生存在同一個地球，經歷同樣的氣候、瘴癘、病症的侵襲，有著相同的需求，以及被養育、求生存、適應環境的經驗，這些經驗會被累積儲存在集體潛意識裡，代代相傳，形成某些共同的行為傾向與經驗感受，這些集體潛意識也會成為個人人格的一部分。不過，人類並不是直接遺傳這些集體經驗，而是遺傳了表現、體驗這些經驗的潛能，例如：我們遺傳到對蛇恐懼的可能性，而不是直接遺傳到對蛇的恐懼，每個人的生命經驗會影響、決定這些潛能會不會被激發出來。

心靈的原始意象—原型

人類祖先對某些人、事、物的共同印象會以同樣的形象來展現，這些形象就是「原型」，是集體潛意識的組成元素、祖先們古老記憶的展現。原型其實只是一種天生的傾向，它會出現在我們的夢境與幻想中，甚至也會成為一些共通的概念，如：英雄、智慧老人、母親、孩子、神、死亡、力量等概念，都是祖先古老記憶的原型表現。在這些原型中，有的原型發展的比較完全，對我們心靈的影響也較為持續，這些原型分別表示人類共通心靈中不同層面的意義：◆人格面具：個人在面對公眾時所呈現出的公開面貌或角色，人格面具可以協助我們適應社會，但有時候過度扮演某個與自己本質不符合的角色，進而認同這個角色就會陷入迷失自我的危險中。◆男性中的女性傾向與女性中的男性傾向：每個人都具有兩性的特質，男性除了陽性特質外也有陰性特質，而女性也有陽性特質，個人必須瞭解自己的兩性特質並適當運用，使自己成為一個均衡而有創造力的個體，否則就會導致人格的單面偏執。◆陰影：人性中黑暗、獸性的一面，貪婪、殘忍、攻擊、不道德的行為都由此產生，就算一個自律嚴謹的人，陰影也可以在他的夢中顯現，然而，陰影也是活力、創造力的源頭及其他情緒的出口，過度壓抑將使一個人死氣沉沉，我們應該正視陰影的存在並妥善引導。◆自我：自我努力將人格的各個部分（意識與潛意識）整合為一完整人格。

集體潛意識

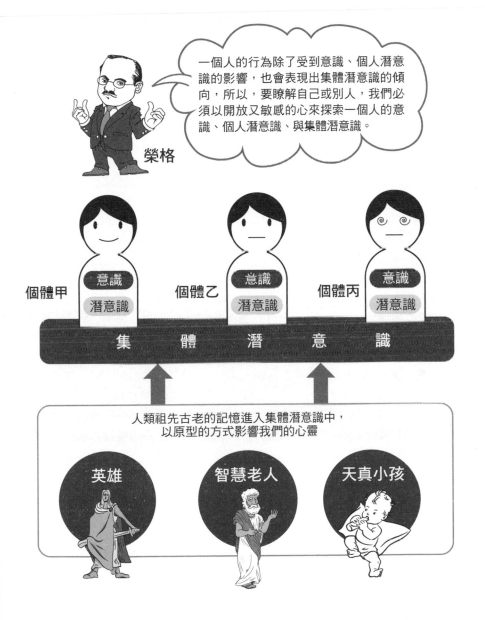

一個人的行為除了受到意識、個人潛意識的影響，也會表現出集體潛意識的傾向，所以，要瞭解自己或別人，我們必須以開放又敏感的心來探索一個人的意識、個人潛意識、與集體潛意識。

榮格

個體甲　　　個體乙　　　個體丙

意識
潛意識

意識
潛意識

意識
潛意識

集　體　潛　意　識

人類祖先古老的記憶進入集體潛意識中，
以原型的方式影響我們的心靈

英雄　　　智慧老人　　　天真小孩

不同人有相異的人格特質

當你看到或想起一個人的時候，是不是很自然的就會描述出他的一些特質？比方說他是固執的、活潑的、喜歡關心別人的、孤僻的等，當我們這樣形容人的時候，代表這個人在大部分的情況下很可能表現出你所形容的特質。

習慣建立在特質上

心理學家歐波特認為每個人都有穩固的人格特質，這些特質決定了我們的行為，只要在一段時間內留心觀察一個人對相同或類似事件的固定反應，就可以分析出他的人格特質。不過，這個人是不是會表現出他人格特質中的某個部分卻必須看他當時所處的情境，例如：一個非常愛乾淨的人，在露營的時候，為了跟大家打成一片，他可能就會入境隨俗降低對環境的要求，不過他愛乾淨的特質並沒有改變，只是因為某些原因而沒有表現出來。所以，要瞭解一個人，應該由他的自我描述、自傳、日記、信件等個人資料中來分析他的個人特質。

在討論特質的時候，我們常會搞不清楚「習慣」跟「特質」的關係，習慣是指對特定事件的行為模式，而這個行為模式是在個人特質的引導下所建立，並受到經驗與學習歷程的影響，譬如說一個擁有「謹慎」特質的人，可能會發展出「睡前檢查門窗、瓦斯」、「永遠提早十五分鐘到」的習慣，一個特質會發展出無數個相關的習慣，有著相同特質的人也可能發展出不同的習慣，因此習慣不等於特質。

歐波特的人格特質理論

那麼，人究竟有哪些特質呢？不同的理論學家根據他們的觀察與研究成果而提出描述不同的人格特質分類方式，歐波特首先提出人應該有「個人特質」和「一般特質」。「個人特質」是指可以定義出某個人的獨特個性的特質，而「一般特質」則是一群人所共有的特質，比如說同一個文化下的人就會有類似的「一般特質」。「個人特質」穩定而不容易改變，「一般特質」則會隨著時間、社會標準與價值觀的改變而改變。每個人都擁有許多「個人特質」，但它們對人格的影響力各不相同，可以分為如下：◆**統轄性特質**：廣泛、普遍影響一個人思考、感受與行為的特質，幾乎支配個人生活的每個層面，可以代表整個人的人格，例如：忠肝義膽的關公，足智多謀的孔明。◆**核心特質**：描述個人行為時所使用的少數顯著特質。◆**次要特質**：個人展現出不那麼明顯一致的特質，只有親近的人才看得到。

除了歐波特以外，柯斯塔和麥凱爾提出的五大特質論，以及卡特爾、艾森克也分別提出不同的人格特質分類，雖然他們對人格特質的觀察與理解不同，不過卻都認為人的行為不是受潛意識所決定的，而是由人格特質與環境互動而決定的，所以要理解人的行為應該分析人格特質而非潛意識。

人格特質理論、五大特質論

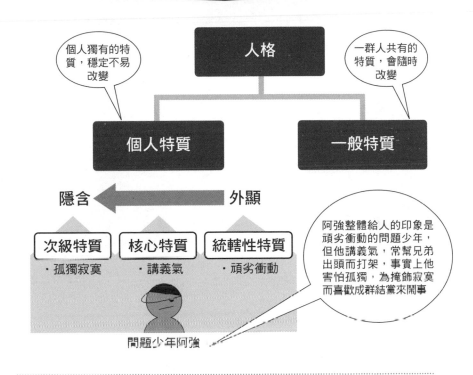

個人獨有的特質，穩定不易改變

一群人共有的特質，會隨時改變

人格

個人特質

一般特質

隱含 ← 外顯

次級特質
·孤獨寂寞

核心特質
·講義氣

統轄性特質
·頑劣衝動

問題少年阿強

阿強整體給人的印象是頑劣衝動的問題少年，但他講義氣，常幫兄弟出頭而打架，事實上他害怕孤獨，為掩飾寂寞而喜歡成群結黨來鬧事

柯斯塔和麥凱爾的五大特質論

特 質	傾	向
神經質	·憂慮的 ·神經兮兮的	·沒有安全感的 ·非常緊繃的
外向性	·社會的 ·喜歡娛樂的	·愛說話的 ·親切的
開放性	·有原創性的 ·有創造性的	·獨立的 ·大膽的
合作性	·有良好態度的 ·相信別人的	·軟心腸的 ·有禮貌的
謹慎性	·小心翼翼的 ·努力工作的	·可靠的 ·有組織的

人格終生都在變化

常聽人形容遭遇重大變故的人「性格大變」，比如說一個沈默寡言的人離婚後突然變得活潑開朗，這是因為他在離婚後表現出過去沒機會顯現的個性，還是他的人格真的改變了？性格是小時候決定就不再改變，還是一輩子不斷變化？

危機是造成人格變化的關鍵

佛洛伊德認為，人的性格在五歲以前就已經定型了，不論經歷什麼事件、環境，都不會再改變；愛瑞克森卻認為，人在不同的成長階段會面對不同的環境，個人必須發展新的能力以滿足適應環境的需求，也就是說個人會經歷一連串因為環境變化而產生的適應危機，因應危機的方式、經驗與結果就可能影響他性格的變化，危機因而成為人格變化的可能轉捩點。

基本長處幫助人格順利發展

依據愛瑞克森的觀察，人的一生可分為八個發展階段，在每一個階段個人必須因應不同的危機，而因應的方式有兩種方向：正向因應與負向因應。人必須堅持正向的因應方式，但也必須與負向因應取得平衡，才能適當的解決危機，發展出性格上的「基本長處」，這個「基本長處」可以協助個人解決下一階段的危機。相反的，單用正向或負向因應都會導致性格上的「基本短處」，如果只用正向因應，個人會「適應不良」，只用負向因應則將形成「有害發展」，不僅沒辦法解決現階段的衝突，個人也將因為「基本短處」而比較難適應下個階段的危機。

人生發展八階段

愛瑞克森認為人一生所歷程的發展階段分別是：

◆**信任與不信任**：出生到一歲左右。

正向與負向因應的極端發展會造成人格缺陷

若不能在正向及負向因應之間取得平衡，而偏頗其中一種因應方式，就會造成人格出現缺陷。例如：成年期是需要建立愛情與友誼的親密關係階段，如果跟所有的人都過度親密，就可能變成濫交；反之，與他人無法建立親密關係，便會與人疏離，形成排斥別人的性格。

心理發展的關鍵就是要建立對人的信賴，嬰兒在充滿安全與愛的環境中發展出對人的信任，長大後也會信任別人，但他如果覺得不安全且沒有被愛，就會無法信任別人，長大後也無法信任別人。

◆ **自主與羞怯懷疑**：一到三歲。開始嘗試控制身體與生理反應，如：上廁所、拿東西，如果控制得好，他就會覺得有能力照自己的意願來行動，相反的，如果動輒得咎，就會感到羞愧甚至懷疑自己。

◆ **進取與罪惡感**：三到五歲。兒童開始主動發表想法與作法，肯定他的想法，並加以鼓勵，可以讓他更主動的規劃自己的活動，相反的，輕視、嘲笑他，則會讓他感到羞恥、罪惡，覺得自己一無是處。

◆ **勤勉與自卑**：六到十一歲。兒童必須認真學習適應社會的知識與技能，如果能勝任並得到讚賞，就會更加勤勉，反之如果遭遇挫折，則會變得自卑。

◆ **自我認同與角色混淆**：十二到十八歲。離開兒童期準備變成大人的尷尬階段，個人必須重新定位自我，找到發展方向，否則就會搞不清楚自己的角色。

◆ **親密與疏離**：十八到三十五歲。與他人建立開放坦承的、沒有防衛、不會害怕失去自我認同的親密關係，相互關懷、彼此承諾，無法建立親密關係會使人覺得孤立，開始跟人疏離，將親密關係視為自我認同的威脅。

◆ **生產建設與停滯**：三十五到五十五歲。人開始有引導、教育下一代的需求，而必須生產、建設制度與知識，如果不滿足這個需求，人就會覺得生命乏味，進而停滯生活目標，失去生命意義。

◆ **自我統整與絕望**：五十五歲到死亡。人開始反省自己的一生，如果可以接受過去和現在的處境，就會感覺到自己的一生是統整的，能接受並滿意自己，如果生氣、後悔、懊惱，就會感到絕望、厭惡自己、對不起別人。

基本長處與基本短處對人格表現的影響

人在每一個階段都有一個界於自我與社會或環境之間的重要衝突，等待被處理。處理得宜，可使其順利發展出「基本長處」，其人格會呈現正面、符合社會期待的取向；反之，處理不當，則會發展出「基本短處」，造成人格產生缺陷，其人格表現不是超出社會標準就是過於負面退縮。

人生發展八階段

階段	發展任務	心理危機	處理結果

0～1歲　口腔—感覺期

依附母親或母親的替代者，為以後信任別人打下基礎。

信任 ⇕ 不信任

好 在充滿安全與愛的環境中發展出對人的信任，長大後也會信任別人。

壞 缺乏安全感與愛，會產生不信任感，長大後無法信任別人。

1～3歲　肌肉—肛門期

開始有能力練習控制自己的行為，自己選擇要做的事，可能跟父母的要求發生衝突。

自主 ⇕ 羞愧與懷疑

好 發展出自主意願，願意主動選擇要做的事。

壞 沒有自主性，對自己感到懷疑，沒有信心。

3～5歲　運動—生殖期

在很多活動上爭取表現，父母鼓勵、禁止或處罰的反應將會影響其發展。

主動 ⇕ 罪惡感

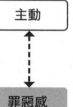
好 勇於嘗試、試驗自己的想法，主動進取達成社會認可的目標。

壞 發展出持續一生的罪惡感，覺得自己一無是處。

6～11歲　潛伏期

學習基本的知識和技能，並且常常和別人比較以肯定自己，老師跟父母的支持與鼓勵很重要。

勤勉 ⇕ 自卑

好 得到了適度的期許跟接納，發展出勤勉學習的傾向。

壞 無法達成父母、老師的期望，因而產生自卑心態。

階段	發展任務	心理危機	處理結果

12 ～ 18 歲
青少年期
脱離童年，開始嘗試成為一個獨立的成年人，必須積極發展對自我的認同。

自我認同
↕
角色混淆

好 瞭解自己是怎麼樣的人，應該往哪裡去，對自己充滿信心。

壞 搞不清楚自己是怎麼樣的人，因而產生退縮的個性。

18 ～ 35 歲
成年前期
嘗試和別人建立親密關係，可以不用自我保護，開放坦然的和別人相處。

親密
↕
疏離

好 能跟別人互信互愛，相信自己會長久被對方接納。

壞 寧願孤獨，把親密關係當成自我認同的威脅，孤僻而有收斂性。

35 ～ 55 歲
成年期
希望自己能對家庭和社會有所貢獻。

生產
↕
停滯

好 能照顧別人、關心社會，覺得自己是有生產性、有價值的。

壞 意志消沈、生活乏味，覺得生命沒有意

55 歲以上
成熟及老年期
檢視自己滿不滿意一生中的表現跟發生過的事情。

自我統整
↕
絕望

好 覺得自己還滿成功的，接受自己跟這一生，有種生命統整的滿足感。

壞 覺得自己是失敗的，一事無成、白活了，對這一生感到絕望。

人為滿足需求而積極發展

馬斯洛認為人的行為是受到五種與生俱來的需求所引導和激發的，可以藉著分析一個人的需求進一步來瞭解他。這五個需求分別是生理需求、安全需求、愛與歸屬需求、尊重需求、自我實現需求。

馬斯洛的需求五階段論

◆生理需求：這是最基本的需求，對於一個連下一餐飯都不知道在哪裡的人，這個需求就會成為他思考與行為的唯一原因，等到生理需求被滿足了，人才會開始想要追求安全感。

◆安全需求：包含對於規則、秩序、穩定、遠離恐懼和混亂的需求。大部分的人都可以滿足安全需求，但這個需求仍會持續的影響他們的行為，我們會擔心失去安全感，所以用預防性的行為來保障基本的安全，例如買房子、買保險等。

◆愛與歸屬需求：當生理與安全需求被滿足了以後，我們開始渴望去愛人與被愛，並希望自己是歸屬於某個人、某個家庭或團體組織。現代社會由於變遷過於快速，不容易滿足愛與歸屬的需求，很多人因此而感到寂寞空虛。

◆尊重需求：人都需要被尊重，尊重又分為自我尊重以及別人對我們的尊重，如果個人可以滿足自尊與受人尊重，就會有自信，也會變得更有能力與生產力；相反的，如果不能獲得尊重，則會產生自卑、沮喪，因而無法處理生活上的問題。

◆自我實現需求：人會有想要發揮自己全部潛能，努力成為心目中理想自我的慾望，如果不能滿足就會覺得挫折、不滿。並非所有的人都能夠滿足自我實現的需求，要達成自我實現，個人必須不被社會所強迫，不受限於較低層次的需求、不過份在意自己的形象並能跟別人分享愛與被愛，而且非常瞭解自己的能力、潛能與善惡，這樣才能充分發揮自我、實現理想。

越低層的需求勢力越大

這五項需求對人的影響力並不相同，馬斯洛將這些需求安排成「需求階層」以說明其內容與特性。他認為，人不會同時被所有的需求所驅使，只有較低層的需求被部分滿足後，較高層的需求才會變得重要，例如：吃飽飯、不飢餓後才會想要追求尊重與成就。因此較低層需求若沒有被滿足，個人的生存將因為身體的匱乏而受到威脅，但滿足較高層次需求對生理、心理有很大助益，可以引導出滿足、快樂與充實感，所以高層需求是「成長需求」，而低層需求則是「匱乏需

求」；原則上，同一時間內只有一種需求會有支配力。

知與瞭解的需求

除了這五個需求層次以外，人還有一種獨立、自發的需求，大約開始出現於嬰兒期晚期和兒童期早期，那就是「知」與「瞭解」的需求。「知」的需求必須至少得到部分滿足，才會出現「瞭解」的需求。「知」與「瞭解」的需求跟五層次與生俱來的需求相互獨立，彼此之間卻又有著部分的重疊，比方說人必須滿足「愛」、「尊重」與「安全感」的需求，同時也滿足「知」與「瞭解」的需求才能夠達到「自我實現」的目標。

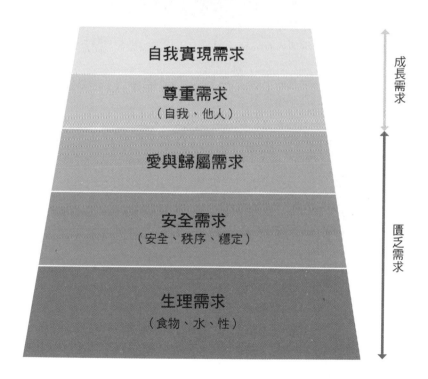

馬斯洛的需求階層

自我實現需求

尊重需求
（自我、他人）

愛與歸屬需求

安全需求
（安全、秩序、穩定）

生理需求
（食物、水、性）

成長需求

匱乏需求

人格是認識環境與自己的方式

> 如果要求幾個人共同評價一個人，會發現大家所描述的特質都不相同，有人可能覺得他保守、拘謹，另外一個人則覺得他是不友善而吝嗇的，這是因為每個人都會以自己認知的方式來理解對象。

人格＝認知系統

凱利認為人會運用自己認識、分類、解釋事物的概念來理解別人，比方說，覺得對方保守的人，正是因為他平常在跟人交往的時候，所運用的概念就是「保守與開放」；而覺得對方是不友善的人則是運用「敵對與友善」的概念。這兩個人顯然以不同的認知系統來觀察世界，並解釋所看到的人或事件，這些認知上的差異也會造成行為上的差異，所以藉由理解不同人的認知方式，可以來解釋人的行為與性格，換句話說，一個人的人格事實上就是他的認知系統。

此外，人們會根據自己的經驗觀察事件的規則，並由此發展出認識世界的方式，然後用這些方式預測未來。如果預測結果真的發生了，就會保留這個規則成為性格的一部分，以引導或限制日後的思想與行為；如果預測失敗，就必須修正原來的規則或發展出新規則。一旦我們沒有適當的規則可以理解、預測一個新的事件就會引起焦慮，為了解決這個焦慮，個人可能不願意改變原本的認知概念，因此對事件或人懷有敵意，也可能進而攻擊外界，希望藉此改變外界事物以符合其認知系統的理解、預測規則，而成為一個有攻擊性的人。

理解事件的兩極概念

一般來說，理解事件的概念都是兩極的，如：好與壞、聰明與愚笨、高貴與低賤，我們用這些兩極的概念分類事件或人，並賦予意義，但有時也只會運用兩極中的一極，例如：「相信所有的人都是善良的」、「所有的東西都有生命和靈魂」等，患有精神疾病的人甚至會強烈的否認另一極，因為他害怕自己的認知系統將因此而動搖，這種現象跟佛洛伊德所提出來的壓抑現象有點類似。

治療適應不良症的方法

個人對環境的理解與預測方式無法讓他有效的控制這個環境時，就會產生「適應不良」的情況，所以要治療適應不良的人，就必須改變他的認知系統，要求他扮演一個跟自己行為模式不同的人，因為人的行為正是由他的認知系統所引導，因此可藉由行為改變來矯正其認知系統，以適應所處的環境。

人格即認知系統

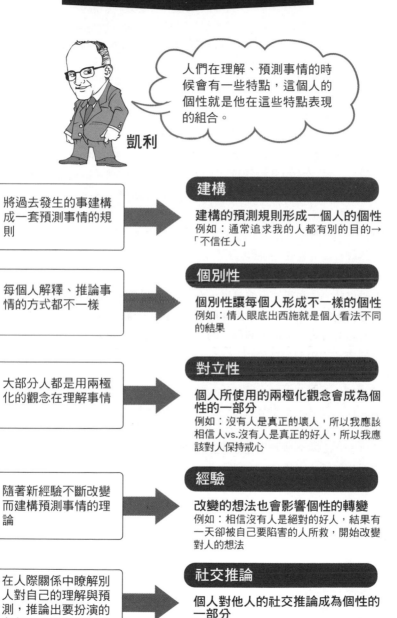

人們在理解、預測事情的時候會有一些特點，這個人的個性就是他在這些特點表現的組合。

凱利

將過去發生的事建構成一套預測事情的規則

建構

建構的預測規則形成一個人的個性
例如：通常追求我的人都有別的目的→「不信任人」

每個人解釋、推論事情的方式都不一樣

個別性

個別性讓每個人形成不一樣的個性
例如：情人眼底出西施就是個人看法不同的結果

大部分人都是用兩極化的觀念在理解事情

對立性

個人所使用的兩極化觀念會成為個性的一部分
例如：沒有人是真正的壞人，所以我應該相信人vs.沒有人是真正的好人，所以我應該對人保持戒心

隨著新經驗不斷改變而建構預測事情的理論

經驗

改變的想法也會影響個性的轉變
例如：相信沒有人是絕對的好人，結果有一天卻被自己要陷害的人所救，開始改變對人的想法

在人際關係中瞭解別人對自己的理解與預測，推論出要扮演的角色

社交推論

個人對他人的社交推論成為個性的一部分
例如：老師講課時必須瞭解學生對老師的期望，然後表現出老師該有的形象

人格是被增強的行為與習慣的累積

人就像動物，在原本行為發生後，受到不同程度與性質的增強而學會某些行為，例如：按時寫完功課的小朋友可以得到糖果，沒做完的話不但沒有糖果還不能出去玩，於是糖果的「正增強」與不能出去玩的「負增強」會讓小朋友學到按時寫完功課的行為。

行為即是人格的一部分

「理解行為發生的原因，並進而對行為加以控制」是研究人格的主要目的之一，為了達到這個目的，人格理論家對於產生行為的原因有很多假設，前面提到的心理學家，如：佛洛伊德、榮格、愛瑞克森、馬斯洛等，都認為行為跟個人內在心理歷程有關，然而史金納卻有不同的看法。他認為要理解一個人的行為，並不需要去瞭解他的內在趨力、動機、特質、潛意識、認知思考模式等，只要研究個人如何在環境中學到那些行為，就可以有效的解釋、預測甚至促使個人表現出某些行為。因為人從小就會表現出許多不同的行為，其中被增強的行為會逐漸突顯出來，成為一組行為模式，也就形成了個人的人格；所以，理論上來說，應用增強原則可以創造或改變一個人的行為，並因此改變他的人格。

異常行為的產生

從學習觀點來看，所有行為都是經由學習而來，正常行為是學來的，異常行為也是學來的，對學習論的學者來說，只有「異常行為」而沒有「異常人格」。異常行為不是因為潛意識或其他內在動機所引發，而是個人在表現正常行為的時候沒有獲得正增強，甚至還得到負增強；但當他們表現異常行為時卻獲得了正增強，導致他學會並保留了異常行為。例如：小孩子要求媽媽買新玩具，媽媽不答應，小朋友開始大哭大鬧，媽媽不得已只好幫他買了，結果小朋友哭鬧的行為被增強了，以後只要大人不答應買新玩具，他就會大哭大鬧。

為什麼會迷信？

和異常行為有連帶關係的是迷信行為，每個文化中都有很多祈福消災的迷信行為，史金納認為這也跟增強作用有關係，他把一隻鴿子關在箱子裡，然後固定每隔十五分鐘丟一粒飼料給牠，當鴿子得到食物的時候牠可能正在抬頭、跳躍、或站立不動，結果發現，飼料會增強鴿子的這些行為，於是牠開始直挺挺的抬頭、不斷跳躍或始終站立不動，以為這樣可以再度獲得食物，鴿子出現了迷信的行為，同樣的，人的迷信行為也是由對於增強的錯誤解釋與期待所造成的。

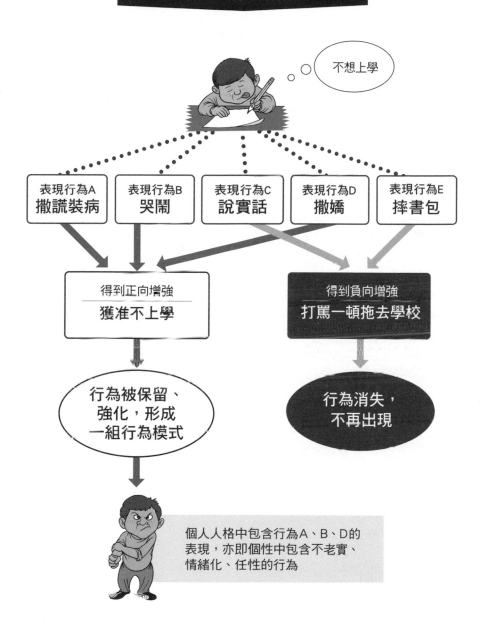

史金納人格論

不想上學

表現行為A
撒謊裝病

表現行為B
哭鬧

表現行為C
說實話

表現行為D
撒嬌

表現行為E
摔書包

得到正向增強
獲准不上學

得到負向增強
打罵一頓拖去學校

行為被保留、
強化，形成
一組行為模式

行為消失，
不再出現

個人人格中包含行為A、B、D的
表現，亦即個性中包含不老實、
情緒化、任性的行為

人格是觀察及學習榜樣行為的累積

> 心理學家班杜拉認為，人類行為的發生既不是完全由內在趨力所驅使，也不是單純由環境中的刺激（增強作用）所左右，而是個人內在認知歷程與外界影響彼此交互作用的結果。

由觀察學到行為

人在社會中生活，可以經由觀察別人的表現而學會某種行為，包括動作、感情、語言與思考模式等，例如：小孩子能輕易地在大人的對話中學到用髒話罵人的行為，像這樣的學習本身不需要任何增強，小孩子只要觀察大人的行為就可以達到學習的效果。但會不會表現出這個行為則跟增強作用有關，例如：小孩子因為害怕被處罰而沒罵出髒話，但也許有一天他就會脫口而出。因此不論學到的行為是不是有表現出來，都會成為個人人格的一部分。

行為表現與否跟個人預期的行為後果是正增強還是負增強有關，如果所預期的行為後果是個人可以承受的或者所追求的，就會表現出該行為，並且可以藉由自我增強作用而強化某個行為發生的機率跟強度。例如：默默行善的人在做好事後就會覺得有成就及感到滿足，並不需要別人的感謝或肯定，就是這個道理；相對的，如果一個人對自己所做的行為不滿意，就算沒有人知道，也會因此自責、內疚而不再表現那樣的行為。

我們如何判斷行為好壞？

每個人都會對自己能做什麼、該做什麼、表現出怎麼樣的行為有一個主觀的認定與標準，也就是有「自我概念」，當一個行為被表現出來後，個人就會將這個行為和「自我概念」進行比較，決定其自我增強的方向。在「自我概念」中，「自我效能」是最主要的一個部分，指個人在某種情境下表現某種行為能力的預期，例如：考試之前要求學生預估自己能考幾分，這就是「自我效能」的評估。「自我效能」跟個人的目標、動機、以及行為後果都有關，「自我效能」越高的人對成功的預期較高，因此遭遇困難時，會更努力及堅持，進而引發更強的動機，所以成功機率較大；相對的，「自我效能」低的人對失敗的預期較高，會一直擔心把事情搞砸，進而降低工作效率與成果，所以失敗機率較大。

總之，人可以藉由觀察學到行為，並由「自我概念」與「自我效能」來評估行為後果的增強性，不論是自我增強或是外在增強都可以影響個人是否表現出學到的行為，這些行為與「自我概念」的綜合就是個人的人格。

班杜拉人格論

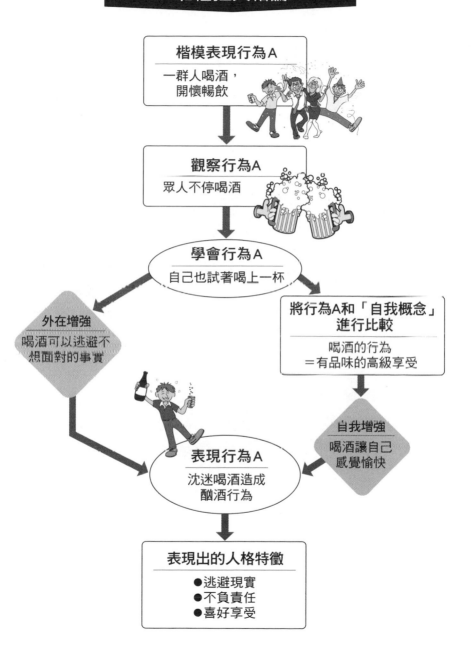

楷模表現行為A

一群人喝酒，
開懷暢飲

觀察行為A

眾人不停喝酒

學會行為A

自己也試著喝上一杯

**將行為A和「自我概念」
進行比較**

喝酒的行為
＝有品味的高級享受

外在增強

喝酒可以逃避不
想面對的事實

自我增強

喝酒讓自己
感覺愉快

表現行為A

沈迷喝酒造成
酗酒行為

表現出的人格特徵

●逃避現實
●不負責任
●喜好享受

Chapter 5

人如何與團體社會互動？

　　人不是獨立的個體，我們的生活，思考、行為與感受隨時都受到別人的影響，當然也相對的影響著別人，要瞭解人，當然也必須瞭解個人和其他人、團體或社會互動時的心理與行為，例如：人如何看待彼此？如何解釋其他人的行為？如何形成或改變態度？人為什麼會攻擊別人、幫助別人？我們是怎麼開始談戀愛、又怎麼結束一段戀情？在這一篇裡，我們將一一探索這些有趣的問題。

什麼是社會心理學？

一般分析人的社會行為有三種角度：社會層次從個人與社會環境的關係出發；個人層次關心的是人的心理特質與人格；人際層次則關注所處社會情境中其他人的態度、行為，以及與個人的關係。在社會心理學中特別強調社會情境因素對個人行為的影響，所以大多採用人際層次的分析方式來研究人的社會行為。

社會心理學關心的議題

那麼，社會心理學關心哪些議題呢？一般常見有以下幾類議題：態度、刻板印象、偏見、人際吸引、人際關係、團體行為、性別、攻擊行為、助人行為、服從、印象形成等。社會心理學家們嘗試從這些行為中找出因果關係，藉此協助人們解決問題，而且針對每一議題，社會心學家通常會有很多不同的理解角度。

對人類社會行為的基本理論

以青少年犯罪為例：中輟生小亞在一次援助交際時，被警察逮個正著，為了逃跑，小亞掏出小刀刺傷警察，一陣扭打後，小亞最後還是被抓到，並以妨礙風化罪起訴。社會心理學家看待此議題，至少有以下幾種角度的分析：◆**行為動機**：著重個人的需求與動機如何影響我們的知覺、態度與行為。由此出發，我們會想知道小亞援交並攻擊警察的動機，缺錢嗎？需要錢是為了家人、還是為了維持生活？攻擊警察是因為怕爸媽發現？還是怕牽連同伴？◆**學習歷程**：關心個人如何由過去經驗學到現在的行為。小亞是從媒體上學到援交？還是觀察同學從事援交的情形？小亞是不是從電影裡學到被抓到可能要付出很大代價，所以才不惜攻擊警察？◆**認知方式**：個人的行為決定於他如何覺知、理解、判斷與解釋社會情境。小亞怎麼看待援交？是自立更生的方式還是不得已的謀生行為？攻擊警察是因為知道自己觸法？還是覺得會被警察羞辱？◆**決策經過**：人會計算行為的成本與效益，以做出最佳選擇。小亞判斷攻擊警察後還有一點機會可以逃跑，但不攻擊就一定會被抓走，反正最壞的情況都是要去警察局，不如放手一搏。◆**社會文化**：關心不同的社會文化背景如何影響個人的思考、感覺與行為。小亞可能來自非常傳統的家庭，父母認為援交比搶劫還糟糕，為了怕被趕出家門，所以才攻擊警察以脫逃。◆**互依關聯**：個人的行為至少有部分決定於其他人。小亞攻擊警察可能是因為警察表現出輕蔑的態度，所以讓她感到羞恥與憤怒。

社會心理學

態度與影響

1.態度與說服
2.偏見與歧視
3.從眾與服從

人與事件的知覺

1.社會認知
   如何瞭解認識社會世界
2.歸因
   如何解釋社會行為
3.人際知覺
   如何形成對他人的印象
4.自我
   如何認識自我

社會心理學家
關注的議題

社會互動與關係

1.人際吸引
2.人際關係
3.團體行為
4.性別

幫助與傷害他人

1.助人行為
2.攻擊行為

如何留下好印象？

> 我們常常會迅速地判斷別人是個什麼樣的人：開朗、活潑、陰險、值得信任等，在有限的接觸機會中，這些印象的形成往往只依賴很少的訊息，如：外表或性別，而且印象的好壞一旦形成，不但不易改變，還會影響以後對這個人的看法。

印象如何形成？

印象好、壞就像染料滴到水裡一樣，可以掩蓋其他的優、缺點，所以說，留下好的印象真的很重要，那麼印象是如何形成的呢？◆**外表與行為**：評價一個人的外表行為時，同時類推出他的特質，一個穿著保守、動作拘謹的人，我們會判斷他的政治立場、性觀念也很保守。◆**社會類別**：每個人都會有社會類別，例如：年紀、性別、種族、學經歷等，在短暫的接觸中，為了便於與別人相處，人們會很快的辨識你的社會類別，並且將該類別的所有特質與被評價的人連結，形成一個基本印象。◆**突顯性訊息**：明顯跟其他人不同的特徵或行為都會吸引較多的注意，而且強烈影響第一印象的判斷，例如：特別叛逆、衣著特別鮮豔等。◆**眼神與其他肢體語言**：除了行為、外表與談話內容外，眼神與肢體語言也會影響印象的判斷，例如：眼神飄忽不定的人通常被認為較不誠懇、熱情的人肢體動作較大。

別人如何決定對我的印象？

面對別人時，對方會怎麼評價我這個人呢？有以下幾個重要原則：◆**好惡評價與統一印象**：根據自己喜歡對方的程度，並整合對他喜歡和不喜歡的評價，成為一個整體印象，例如：喜歡他聰明、體貼、熱情，不喜歡他自大、易怒，最後的印象是他雖然是個討人喜歡的傢伙，但不要跟他太親密。◆**整體印象的影響**：對於特質的好壞評價會受到這個人的整體印象所影響，例如：「聰明」表現在人緣好的同學身上，會讓我們更喜歡；但討人厭的同學表現「聰明」的一面，會讓我們更厭惡。◆**判斷者的動機**：判斷者的動機會影響所觀察的特質以及對這些特質的評價，例如：一間公司要找部屬跟找合作伙伴，所持的判斷標準是不一樣的。◆**負向效果**：不好的特質比好的特質更容易影響我們對一個人的判斷與評價。◆**基模與刻板印象**：我們會將對某個特質或社會類別的認識與刻板印象加到被判斷者的身上，如：女人不會開車、男人比較魯莽。

印象管理

在某些情境下，例如：應徵工作、相親、選舉，如果能用心經營自己的形象，就可以讓別人產生好感，以取得先機，這就是所謂的印象管理。

實例：陳小姐應徵外商公司行銷主管

《聘任動機》
改革積弱不振的行銷部門以創造業績
《需求特質》
有魄力、明確、企圖心、領導力、外向

↓

面試時，不等主考官發問即主動提出對公司產品的市場規劃

↓

以幽默的方式演說，內容精闢扼要，並巧妙地引導問題，主導全局

↓

說話時以手勢輔助說明內容，並堅定注視每一位與會者

↓

強調自己是企管碩士且曾經在大陸擔任台商的台籍幹部長達一年半，以事業為重，不打算結婚

↓

曾經因為經常性的加班讓部屬倍感壓力

↓

順利得到工作

印象管理流程

預估評價者的動機與目標

以突顯的方式表現出符合對方需求的正向核心特質

呈現一組與正向核心特質相輔相成的正面特質

注意視覺與副語言的傳達

強調重要的社會類別，例如學歷，以降低其他類別的強度，例如性別

主動提出一兩個無傷大雅、可以改善的負向特質

創造好印象

如何吸引對方的注意？

想想看，你是不是有幾個特別喜歡的朋友？還記得當初對方是怎麼吸引你注意的嗎？你希望自己能吸引眾人的目光，成為大家都歡迎的萬人迷嗎？到底是哪些因素會影響一個人的吸引力呢？

人們會喜歡身邊有魅力的人

人們會喜歡身邊有魅力的人吸引的理由其實多半不複雜，甚至相當簡單。時空接近性與個人魅力就是常見的吸引力因素。時空接近性就是所謂近水樓台先得月，研究發現人們會喜歡較常出現在身邊的人，例如：隔壁鄰居、學號接近的同學、同部門的同事。 若以個人魅力來看，又可分為以下三種吸引人的特質：

1. 外表吸引力：跟對方還沒有進一步接觸時，外表是重要的吸引力關鍵，這是因為大多數的人會由外表推估對方的其他特質，討喜的外表會讓人聯想他是善良的、溫暖的、對人好的等，這就是所謂的「美就是好」的刻板印象。不過，有時候人們也會對英俊或美麗的人有戒心，所以外表討人喜歡雖然比較佔優勢，但也會有相對的代價，而且進一步認識對方後，刻板印象被打破，外表的影響就會降低了。

2. 令人愉快的人格特質：一般來說，令人愉快的特質包含：言談有禮貌並且尊敬對方、願意與人分享快樂的心情、接納而不防衛、聲調上揚而開朗、關心卻不侵犯、體貼、欣賞對方優點等。

3. 不過分完美：完美的人會讓人有壓力，有點小缺點反而可以讓人輕鬆接近，更容易看見、欣賞對方的優點。

相似性的吸引力大於互補性

在彼此認識後，個人魅力與時空接近性的影響就不大了，我們會開始評估對方跟自己在態度和價值觀上是否相似，普遍來說，我們會喜歡跟自己相似的人。

有時候我們也會看到兩個個性互補的人互相吸引，比方說依賴性重的跟會照顧人的、害羞的跟外向的、愛說話的跟安靜的；但總體來說，支持互補的個性會造成吸引力的證據是比較少的，即使看起來互補的人，他們在其他價值觀與態度也一定有很高的相似性，因此相似度高還是比較重要的。

讚美及滿足需求也是吸引力

多數人都喜歡會讚美自己的人，不過卻討厭別有用心的讚美，大方而誠懇的讚美可以成功的吸引別人喜歡自己。我們也喜歡跟能滿足彼此心理需求的人交朋友，持續的滿足雙方的心理需求可以促使彼此感情加溫，增進心理上的親密感。

吸引力來源

時空接近性
提高曝光度與
熟悉度

相似性
相似的態度、
價值觀

個人魅力
· 討好的外表
· 令人愉快的特質
· 不過份完美

創造
吸引力
因素

滿足彼
此需求
滿足彼此的
心理需求

互補性
互補的個性

讚美
大方而誠懇的讚美

什麼是愛情？

對你來說，喜歡跟愛一樣嗎？愛情到底是怎麼開始又是怎麼結束的呢？心理學家舒茲曾說過，愛、歸屬與控制是人類三種基本的人際需求，其中愛又占了第一位，每個人都需要愛，那麼「愛」到底是什麼呢？

喜歡跟愛不一樣

心理學家海德認為愛就是強烈的喜歡，喜歡與愛是量的差別而非質的差別，另一位心理學家魯賓則不認同這樣的說法，他仔細分析喜歡與愛情的內涵，發現喜歡與愛各包含三個不同的成分，喜歡應該包含「讚賞」、「尊敬」以及「與自己相似」，而愛則包含「關懷」、「依附」與「親密」，所以，喜歡跟愛應該是不一樣的，你可以喜歡一個人而不愛他，也可以愛他而不喜歡他，當然如果你既愛他又喜歡他那就更好囉！

愛情的三元素

魯賓的研究讓我們區分出喜歡與愛，卻還是沒辦法幫助我們瞭解愛情的種類與發展方式，所以史登伯格在分析過許多人的愛情關係後，提出了愛情三角形理論，認為愛情有三個不同向度的基本元素：

1. 承諾：短期的承諾是指決定去愛一個人，長期的承諾則是要維持一段愛情關係。
2. 親密：親近的、連結的、心與心交流的感覺。
3. 激情：混和浪漫、外表吸引力和性趨力的動力。

這三個基本原素有不同的特性，承諾的穩定性高，激情的穩定性低，但激情的短期效果較強烈，而承諾與親密則具有較長期的效果，親密則是愛情的核心元素與長期基礎。愛情在不同階段，各個因素的強度和所佔比例都不一樣，便會形成各個階段的危機與轉機，如果三個元素的強度越來越強，愛情關係就會越來越穩固。此外，我們也可以用這三個元素的組合區分不同的愛情類型，譬如說友誼之愛就是只有親密與承諾而沒有激情，而迷戀就是只有激情而沒有親密與承諾。

愛情如何發生及結束？

瑞司認為愛情的發生、進行與結束就像一個滾動的車輪，裡頭包含以下四種關係：一、和諧：舒適、相容、感到信任。二、自我披露：揭露自我、分享彼此隱私、建立兩人特有默契。三、互相依賴：相互期望依賴，對方不在時會感到不安。四、親密：滿足心理需求，彼此瞭解並在感情上互相支持。

如果車輪向右滾動，則兩人的愛情則會隨著逐漸增加的和諧而增加自我揭露與互相依賴，從而提升親密，使愛情更加穩固；相反的，如果車輪向左滾動，兩人則會越來越不親密，進而不再互相依賴與自我揭露，並因此不再和諧自在導致分手。

愛情關係

愛情類型	激情	親密	承諾
無愛	－	－	－
友誼之愛	－	＋	＋
浪漫之愛	＋	＋	－
荒唐之愛	＋	－	＋
空愛	－	－	＋
喜歡	－	＋	－
迷戀	＋	－	－
完整之愛	＋	＋	＋

激情　承諾

愛情三角理論

親密

向右滾動，
愛情會隨著和諧的增加帶動其他關係而加溫

親密　和諧

愛情發展歷程

失戀

墜入情網

互相依賴　自我揭露

向左滾動，
愛情會隨著親密的減少影響其他關係而轉淡

如何解釋別人的行為？

我們都會推論某些事件與行為發生的原因，像是新聞報導的連續搶案、常去的早餐店沒有開，都會讓我們猜疑半天，尤其當一些不尋常、不愉快、不確定、不在預期內的事情發生時，就會特別發出「為什麼」的問題，這是因為我們要預測、控制環境以保護自己。

找原因就是解釋事件的行為

這種解釋事件的行為在心理學裡就叫做「歸因」，可以協助我們預測、控制環境，也會決定我們的感覺、態度和行為。例如：你走在路上冷不防被潑了一桶水，如果你認為這是別人的無心之過，那麼你可能摸摸鼻子就算了，但是如果你認為對方是蓄意要潑你，你就會感到憤怒甚至跟對方理論。

此外，對過去發生的事情歸因也會影響對未來的期待，如果我們將過去的成功歸因為自己的能力，就會預期未來的成功也是指日可待，因此投入更多努力，也增加了成功機會，所以對事件的歸因會造成個人很大的影響。而影響歸因的三個基本原則是：◆**內在／外在**：解釋為與對方內在有關，如心情、態度、人格特質、能力、健康等，或是和外在的原因有關，如別人給的壓力、氣候等。◆**穩定／不穩定**：推論的原因是不是穩定的、長久不變的，如性別、法律這些是較穩定的，而情緒、運氣則較不穩定。◆**可控制／不可控制**：分析推測的原因是不是個人可以控制的，像努力是可控制的，天分則不可控制。

錯誤歸因的原因

雖然我們希望可以理性的進行歸因，但歸因會因為個人的情緒、動機或當時的情境而形成許多錯誤：◆**被突顯的刺激誤導**：錯把最突顯的刺激當成事件或行為的原因，例如：老師被成績不及格的學生打了，大家會認為這是特別愛跟老師頂嘴的學生幹的，事實上不及格的學生不只一位。◆**對行動者個人特質的過度歸因**：將行為解釋成是由對方個人特質所引起，而忽略當時他所處的情境，例如：被認為粗魯、不回答問題的櫃臺服務員就是性格冷漠而不友善的人，卻忽略他可能是工作疲憊所致。◆**解釋自己跟解釋別人時的偏差**：過度強調環境的因素來替自己的行為辯解，假如你就是上文所提的櫃臺服務員，你會說是因為工作太累而不是本身的性格冷漠。◆**做出對自己有利的偏差解釋**：傾向做對自己最有利的解釋，例如：比賽輸了，會推說是場地或運氣不好，而不承認是對方比自己厲害。◆**誇大自己的貢獻**：跟別人合作而成功時，過度誇大自己的貢獻，例如：如果不是我，這場比賽根本不會贏。

影響歸因三原則

基本上，人會對事件、行為的「內／外在」、「穩／不穩定」、「可／不可控制」的原因做推測，這也形成歸因的三個基本原則。

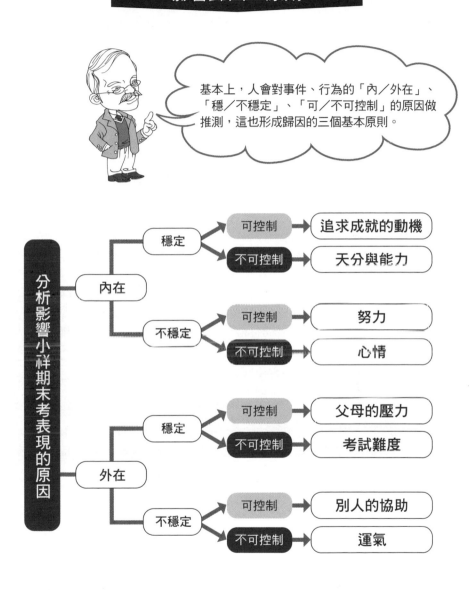

分析影響小祥期末考表現的原因

- 內在
  - 穩定
    - 可控制 → 追求成就的動機
    - 不可控制 → 天分與能力
  - 不穩定
    - 可控制 → 努力
    - 不可控制 → 心情
- 外在
  - 穩定
    - 可控制 → 父母的壓力
    - 不可控制 → 考試難度
  - 不穩定
    - 可控制 → 別人的協助
    - 不可控制 → 運氣

怎麼說服別人改變？

在生活中，我們不斷接收各種訊息以建立態度，同時，也持續接受著說服訊息，政治、廣告、演講，甚至是和別人的簡單交談，人們交換著彼此的態度。有時我們融入別人的意見從而更加堅定自己的看法，有時則是放棄原先的態度而接納新的。

態度如何形成？

所謂態度包含了情感、行為傾向與認知三個成分，以對「興建核電廠」的態度為例，在認知上，你應該可以說出興建核能發電廠的優、缺點；在情感上表達出喜歡或厭惡、支持或反對的情緒；在行動部分則積極參與各項反對或贊成興建核電廠的活動，換句話說，態度就是個人對某件事在認知、情感與行為上的總體評價。然而態度在形成的時候，由於對這些成分的重視程度不同，因而形成不同基礎的態度：

◆以認知為基礎的態度：根據相關事實的認知與客觀價值而來。例如：一台車子的馬力、是否裝有安全氣囊、自排還是手排、省不省油等。

◆以情感為基礎的態度：由情感與價值觀而來的評價，與客觀事實無關。例如：這台車子的牌子是？外型是流線、可愛還是復古？廣告代言人是？

◆以行為為基礎的態度：由行為推導出來的心理評價。例如：我其實不知道那台車的配備，也不在乎它的外型，不過當我在路上看到它或出現在雜誌時，總會多看兩眼，所以我想我應該是喜歡的吧。

如何提高說服力？

要改變態度，最直接的方法就是由基礎下手，以認知為基礎的態度就必須提出相對的客觀事實，以情感為基礎的則用情感和價值觀來取代客觀知識。但一般態度的形成並不會如此純粹，所以要說服一個人改變或接受一個新態度必須關心整個說服歷程的每個環節，包含說服者、說服訊息、被說服者與說服情境。

具說服力的說服者

什麼樣的人所說的話具有說服力，我們會因此而改變原先的態度？

◆專家身份：具專家身份的說服者較具可信度。

◆可靠性：說服者所宣傳的與自身利益衝突，或者有多個不同團體的說服者持同樣論點時，都可以提高可靠性。

◆喜歡程度：我們傾向維持情感與認知的一致性，所以會同意喜歡的人的意見。

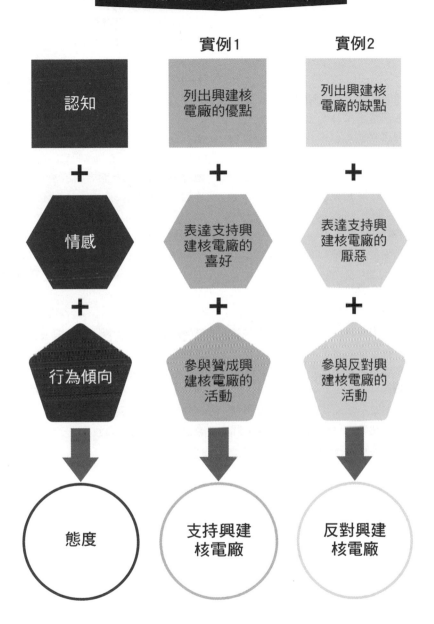

形成態度的過程

實例1 實例2

| 認知 | 列出興建核電廠的優點 | 列出興建核電廠的缺點 |

＋

| 情感 | 表達支持興建核電廠的喜好 | 表達支持興建核電廠的厭惡 |

＋

| 行為傾向 | 參與贊成興建核電廠的活動 | 參與反對興建核電廠的活動 |

| 態度 | 支持興建核電廠 | 反對興建核電廠 |

◆**參照團體**：當我們喜歡或認同的一群人採取某個立場時，我們也會被說服，這樣的團體就是參照團體。

◆**個人特質**：說服者本身的個人特質是不是討人喜歡也會影響說服效果。

影響說服訊息強弱的因素

不管傳遞消息者是誰，最重要的內容還是在於訊息本身，哪些因素會影響訊息說服力的強弱？

◆**訊息差距**：說服訊息與原本態度間的落差會影響說服力，落差很大或很小的說服力都不強，中度落差的說服力最強。

◆**論點強弱**：強論點不一定就有高說服力，如果被說服者沒有意願也沒有能力思考，那麼簡單的論點反而有效。

◆**以問句來傳達立場**：可以促使被溝通對象審慎思考，例如：你真的贊成興建核能電廠嗎？難道沒有替代方案嗎？

◆**周邊線索**：如果我們沒有動機與能力思考說服訊息的內容，那麼像訊息的長度、訊息的數量等週邊訊息，就會影響說服力。

持反對態度的被說服者

接收訊息的對象會用哪些方式，拒絕或反駁我們企圖想要傳達的訊息內容？

◆**自我涉入**：如果要被說服改變的態度跟切身相關就比較難改變，如：宗教、種族、性別、社會階層等。

◆**扭曲訊息**：當被說服者不想接受說服訊息時，便會曲解訊息的意涵。

◆**完全拒絕**：被說服者拒絕任何溝通。

◆**重複**：適度重複說服訊息是有用的，但過度重複反而會造成反效果。

◆**攻擊激起**：當個人遭遇挫折時，會被激起攻擊的慾望，而支持具攻擊性的論點，如：軍事攻擊、死刑處分等。

影響說服力的說服情境

進行說服的情況也是影響說服效果好壞的因素，例如：

◆**預警**：預先知道相反立場的訊息時較不易被說服。

◆**分散注意力**：在注意力分散的情形下較容易被說服。

影響說服效果的因素

說服訊息

有說服力的訊息:
· 訊息差距中等
· 以簡單論點訴求無特定立場者
· 以問句來傳達立場
· 適度重複論點
· 強調周邊線索

說服者

誰說有說服力:
· 具專家身份
· 有高度可靠性
· 喜歡程度高
· 為參照團體

說服情境

什麼情況影響說服:
· 出現預警不易說服
· 分散注意力易說服

被說服者

對以下對象無說服力:
· 激起對方攻擊的想法
· 對方自我涉入過深
· 扭曲訊息者
· 完全拒絕者

改變態度

堅定立場

態度與行為失調了怎麼辦？

有時候我們會做出一些和態度不一致的行為，為了維持行為與態度的一致，可能會試圖改變行為，不過這通常不容易辦到，所以，我們要不就是儘量把這件事當作微不足道，不然就是設法改變自己的態度，而改變態度是人們最常用來解決失調狀態的方法。

改變態度替行為合理化

　　我們什麼時候特別容易面臨行為與態度不一致的失調問題呢？又會用哪些方法來解決問題？

◆**做出重要決定之後**：做出決定後即代表放棄了其他選擇，為避免產生「被放棄的選擇才是比較好」的失調困境，我們會提高、甚至扭曲對所選擇的喜好以及它們的價值，或堅信自己的決定是最好的。

◆**為達成某個目標而付出許多努力之後**：為了合理化自己的付出是值得的，人們會提高目標的意義、價值與重要性，努力為自己的付出做辯護。

◆**做出愚蠢荒謬的行為，卻沒有充分理由的情況：**

　　1. 說出與自己態度衝突的話：在找不到理由的情形下，你將說服自己本來就相信所說的話，只是不自覺而已。

　　2. 預言失效：當你依據某個信念所做出的預言沒有實現，你會開始懷疑自己，為了維護自我，你會更積極的鼓吹你的信念，藉由別人的信仰來肯定自己。

　　3. 幫助沒什麼理由要幫助的人：譬如把錢捐給一個家境小康、身心健全的年輕人，你會設法提高這件事的意義。

　　4. 對別人做出殘忍的事：當你必須對別人做不道德的傷害時，為了合理化行為，可能會貶低這些被迫害的人，把他們看做畜生或物品。

其他發生失調的情況

　　態度與行為失調的情形也會發生在人際關係中，例如：當你發現朋友在某項你用來肯定自我的才能上表現得比你優秀，比方說對電影的鑑賞能力，你會因此感到失調，為了降低這種不舒服的感受，你可能會：

◆**疏遠甚至排擠對方**：我跟他只是普通交情，才不是好朋友呢！

◆**降低或貶低與這項才能的關係**：我不喜歡電影了，我現在關心的是古典樂；或者，看看電影雜誌就能學會電影鑑賞，沒什麼了不起。

◆**強化自己的能力**：努力專研電影歷史，讓自己的能力超越對方。

　　失調不只發生在行為與態度不相符的時候，個人的幾個態度之間、或態度的認知與情感間的不一致也會引起失調，為了恢復和諧，人們會改變其態度。

態度行為失調

因為失調而改變態度的情形常被用來從事說服活動,有沒有在路上遇過人家塞給你兩包面紙,當你以為是贈送時,他卻要收十元?不少人就會陷入拿了東西就該付錢的失調陷阱裡而乖乖付帳喔!

失調發生的原因

前後態度彼此不一致
例如:原本認為慢跑可強化心肺功能,後來卻得知慢跑會磨損膝蓋、韌帶與髖關節

認知與情感不一致
例如:知道B車性能不及A車,但仍是喜歡B車

行為與態度不一致
例如:知道吸菸會致癌,但就是沒辦法抗拒香菸的誘惑

降低失調的方式

1. **忽略、否定新的態度**
   懷疑新訊息的可信度
2. **接受新的態度,放棄舊的**
   承認新訊息,改以游泳取代慢跑

1. **改變認知**
   批評A車的性能
2. **改變情感**
   重視、提高B車的附加價值

1. **改變行為以符合認知**
   戒菸
2. **改變認知以符合行為**
   抽菸的人不一定都會得到癌症
3. **增加與行為一致的認知**
   抽菸帶來的好心情可以抵抗癌細胞的產生

為什麼會歧視別人？

我們常常可以看到某個團體的成員對其他團體的成員表現出負面的態度與行為，如黑人奴隸制度、認為女人胸大無腦、猛男長肌肉不長智慧等，這些都是基於刻板印象所產生的偏見與歧視，與個人所持有的態度有關，刻板印象反應態度的認知成分、偏見反應情感、歧視則是行為層面的表現。

形成偏見的原因

偏見存在於所有的社會中，可能因為以下四個因素而形成：

◆**思考、認識社會的方式**：我們會按照某些特徵將人歸類，對自己認同、歸屬的內團體成員產生好感，並給予特別待遇，卻認為外團體的每一個成員都有相同特質，因而形成刻板印象，導致偏見與歧視。

◆**解釋事件發生原因的方式**：我們經常會忽略情境，而把個人特質解釋成事件發生的唯一原因，大多數的人都覺得猶太人的民族性就是「愛錢」，卻忽略了猶太人當初因為被基督徒流放，並且規定他們不得擁有土地也不可以成為工匠，所以猶太人為了生存便開始放款，因為他們被允許做這類的工作。另外，有時候我們也會因為不瞭解或缺乏同理心而責怪受難者，比方說有人覺得猶太人會被放逐是因為他們曾經做了不好的事，這些都是由錯誤歸因所造成的偏見。

◆**資源分配的方式**：團體間為了競爭有限資源，包括經濟、權力或地位，結果引發內團體成員對外團體成員的歧視，曾經有一位亞裔少年被幾個美國失業白人汽車工人打死，就是因為他們認為失業是由日本汽車競爭所造成。

◆**順從社會規範**：我們會從成人、同儕、媒體與社會機制間學習到社會規範的內容，其中可能包含刻板印象與偏見歧視，我們為了融入社會及被社會接納，就會表現出歧視行為。

透過接觸消除偏見

要消除偏見，除了避免偏見產生的情形，最好的方法就是讓內團體與外團體的成員增加彼此接觸的機會，但接觸的情境必須包含以下六項條件，才能有效的消除偏見：一、持續性的密切接觸；二、友善與非正式的人際接觸；三、共同的目標；四、合作的互相依賴關係；五、平等的地位；六、主張平權的團體規範，否則接觸有時反而更強化原有的負面態度。

什麼是內團體、外團體？

人與人相處常會依據某些身份認同形成團體，如同班、同鄉、政黨等，同團體內的人就是內團體成員，就是常說的「自己人」，不同團體的人就是外團體成員，也就是我們常說的「那些人」。

偏見的形成

評價者以刻板印象
對待被評價者

例如：白人主考官面試時坐的離黑人
應徵者很遠，並刻意刁難他。

在歧視下，被評價者的行為
因而符合刻板印象

例如：因為坐太遠聽不清楚，而且題
目太刁難，所以黑人應徵者的表現有
點神經質，而且能力不佳。

被評價者開始相信
別人對他的刻板
印象與偏見是真的

評價者更堅定
刻板印象與偏見

例如：黑人應徵者開始相信黑
人真的都是神經質且能力差的
，於是放棄自己。

例如：白人主考官堅信黑人都
是神經質且能力差的。

多數人的答案就是對的答案嗎？

順從大多數人的行為往往對我們的生活和社會造成很大的影響，比方說青少年飆車、成人使用毒品、群眾聚集街頭抗議等，都有可能是一種從眾行為，究竟人們為什麼要從眾？在哪些情形下，人們特別容易表現出從眾行為呢？

從眾行為的發生

社會心理學家艾殊曾經做過一個很有趣的實驗，請五位大學男生判斷兩張卡片上的線條長度（見右圖），從「比較線條」卡片的三條線中，找出跟「標準線條」卡片一樣長的線條，這是一個很簡單的工作，大家都看得出來比較線條中的 2 跟標準線條 A 一樣長。實驗開始的時候，實驗主持人請五位男生做成一排，然後依序報告答案，其中前四位是跟實驗主持人串通好的工作人員。在前面幾個回合裡，五個人報告的答案都是一樣的，但從第四回和開始，前面四位男生開始報告出相同的錯誤答案 1，結果不安的第五位男孩雖然明明知道 1 是錯的，卻還是有大約三分之一的時候跟著大家說了 1 這個錯誤答案！這個實驗讓我們知道，人在很多時候即使能夠做出正確的判斷，卻還是會表現出跟群眾一樣的反應，這就是從眾行為。其實人們從眾無非是為了以下目的：◆為了達到「正確」的要求：別人的行為經常可以提供有用的訊息，如果我們對自己的判斷沒有信心，而且信任這個團體的時候就很容易從眾。◆為了被別人接納與喜歡：為了得到讚許並避免被責難，我們會依據團體的規範來決定自己的行為舉止。

何時我們會服從眾人意見？

哪些因素可以讓人們放棄自己的想法而順從群眾呢？下面是一些可能的情形：◆情況曖昧不明時：當我們無法確定什麼是正確的回應、適當的行為與正確的觀念時，就會從眾。◆狀況處於危機時：在危機時刻我們通常沒有時間停下來思考而必須立即反應，這時候我們會觀察別人的做法並立刻模仿。◆當別人是專家時：越有專業知識的人在曖昧不明的狀況中就越有指引的價值。◆團體人數的影響：研究發現，團體中兩個人意見一致所產生的從眾壓力比只有一個人時大，三個人又比兩個人再大一點，四個人和三個人差不多，但超過四個人就不太能增加從眾壓力了。◆當你在乎這個團體時：如果你非常需要這個團體給予的愛、支持與尊重，那麼你就不敢冒險失去它。◆團體意見一致時：如果團體每個人都同意一件事就會變成規範。◆成長文化的影響：如果一個人成長的文化重視團體凝聚力甚於個人，就比別的文化的人容易從眾。

想想看，你是一個經常表現出從眾行為的人嗎？在重要時刻你是否能聽從心裡的聲音，堅持己見、獨排眾議呢？從眾雖然能提高我們行為的正確性，也能被別人喜歡、接納，但千萬不要因為過度盲從而失去自我喔！

從眾行為

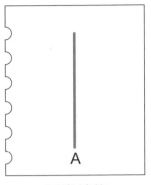 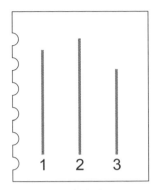

標準線條　　　　　比較線條

 **實驗**　請參與實驗的五個人由比較線條中，選出一條
跟標準線條一樣長的線，並依序報告出來

❶五位實驗者都知道答案是與A等長的線條2
❷五位實驗者都知道答案不是比A短的線條1

當前面四個人都回答與A等長的是線條1時

第五位實驗者有1/3的機率會服從大家，
回答線條1這個錯誤答案。

人們會受到多數人的影響，而
改變自己原先的行為或意見，
這種情況就稱為「從眾」。

我們會屈服在權威之下?

> 我們每天都在要求別人或被別人要求,每天要洗澡、幫忙洗碗、不要一直打電動…這些要求有的我們會加以反抗,有的卻不加思索的就順從了。什麼情況下我們會服從權威呢?

什麼樣的權威使人順服?

其實,一般人並不那麼容易順服別人,但如果提出要求的人擁有某種會影響人的權力,就比較容易要求對方完成工作,甚至因此做出傷天害理的事,比方說南京大屠殺中,許多執行殺人計劃的軍官們就表示他們只是依命令行事罷了!

容易讓人們順服的權威包括:◆提供獎賞的權威:可以幫助你達成目標或提供重要獎賞的人。◆能強制別人行動的權威:父母或上司都可以強迫規範你的行為。◆具專業知識的專家權威:我們聽從專家意見因為他們可以幫助我們解決問題。◆掌握資訊的權威:掌握事物核心資訊的人,不一定是專家。◆被尊敬與模仿的楷模權威:對方是你崇拜或想成為的人。◆合法的權威:對方有法律或其他規範給予的權力,如警察、軍官、老師、父母。

人會服從權威而傷害別人

權威的命令有時候會嚴重衝突自己的信念與價值觀,使人們會在服從命令的情形下做出傷害別人的事。曾經有一個實驗要求實驗參與者操縱一個可以控制另一個房間裡所擺放電椅的電流量,控制器的刻度清楚標示「輕微、極度激烈、危險致死」,實驗規定參與者必須問電椅上的人問題,如果他答錯就要施予電擊,錯的越嚴重就必須施予越嚴重的電擊。主持人先讓實驗參與者感受一次「輕微」電擊,事實上那是一次很重的電擊,他將感受到強烈的痛楚並知道「輕微」電擊的嚴重程度。

在實驗過程中,參與者可以清楚聽到在電椅上的人因被電擊而發出慘叫哀嚎,但參與者猶豫時,主持人就跟他說「實驗要求你繼續」,並擔保他不用負責任,結果有65%的人竟然送出了危險致死的電擊,即使他們已經感受過「輕微」電擊有多麼嚴重。

使人順服的技巧

除了權威會使人順從,有時利用一些小技巧也會達到使人順服的目的:

◆腳在門檻內:誘使別人先答應一個小的要求,等對方答應了再要求他答應大的要求。◆拋出低空球:先提出合理的要求,再提出所要付出的代價。◆臉貼在門上:先提出一個很大的要求,等你拒絕後再請你答應比較小的要求。◆能獲得更多:先提出一個不容易被接受的要求,再提供專屬的有價物。像是促銷高價位產品,提出即時購買享有額外贈品外,還可以得到「只有你有」的小禮物。

權威有哪些？

提供獎賞
提供正向結果

⋯⋯ 如果你每天都刷牙，爸爸週末就帶你去看電影

強制別人行動
提供負向結果

⋯⋯ 如果你不刷牙就不可以看電視

專家
提供專業知識與能力

⋯⋯ 牙醫生說一天要刷兩次牙才不會牙痛

掌握資訊
提供具說服力的訊息

⋯⋯ 如果你不刷牙就會蛀牙，就必須在牙齒上鑽洞來補牙

楷模
崇拜或想成為的人

⋯⋯ 你哥哥一天都刷兩次牙，所以牙齒又白又亮

合法
有法律或其他規範給予的權力

⋯⋯ 我是妳媽媽，我叫你刷牙就乖乖去刷

使人順服的權力

團體工作會加強個人表現嗎？

你喜歡跟別人一起工作還是自己一個人工作？有沒有觀察過跟別人一起工作和自己一個人工作的效率？他人在場有時候可以加強我們的表現，這種情形就是所謂的社會助長；相反的，如果他人在場反而降低你的工作表現，那麼就是一種社會抑制的現象了。

表現好壞取決於工作難易度

在什麼樣的情況下他人在場可以促成社會助長？什麼情況卻會引起社會抑制呢？這個答案最主要跟工作內容的難度，以及個人對工作的熟練與勝任程度有關。如果是比較簡單或是熟練的工作，那麼他人在場就會激發工作者的表現動機，因而提高工作效率，產生社會助長效應，例如：一個經驗老到的運動員在人多的時候會表現得比較好；不過如果工作的內容對工作者來說是比較困難或不熟悉的，他人在場時反而會使他表現得更不好，引發社會抑制效應，例如：一個必須在表演中背出複雜台詞的新人，在舞台的表現就會荒腔走板。

總之，他人在場會加強我們的「強勢反應」，當工作容易時，「強勢反應」就是做對工作要求；當工作困難時，「強勢反應」就是做錯工作要求。所以，簡單作業就越做越快、越做越正確；困難作業則越做越慢、越做錯越多。此外，影響他人在場的效應除了工作的難易度之外，也跟在場的觀察者有關係，如果觀察的人數越多、觀察者與工作者越接近、觀察者擁有影響工作者的權力、或是對工作者有特別意義的時候，他人在場的影響力會被強化。

越重視工作成就表現越好

人在團體裡工作有時會出現減少努力或加倍努力的現象，當一個人對團體的貢獻無法被評量時，他就會偷懶、減少努力，這種效果被稱為「社會閒散」，例如：合唱團比賽的時候，有幾位只是做做樣子的成員，因為他們認為自己對整個合唱團的表現影響不大，所以偷懶了。不過團體中會有人為了彌補其他人的不夠努力，而賣力工作以爭取獎勵，這種現象就是「社會補償」，像學校裡的分組報告，一個組裡面總有一兩位特別重視成績的同學，一肩扛起大部分的工作。所以不論是有觀察者在場，或是跟團體一起工作都會影響到工作者的表現，但影響的方向與強度則要看工作的難度、觀察者的特質以及工作者對於團體工作成效的重視度而定。

社會助長與社會抑制

實例 **1.**

經驗老道的職業演員愛咪

舞台前坐滿了觀眾

愛咪對爆滿的觀眾感到開心

觀眾熱烈的掌聲響起

實例 **2.**

經驗不足的業餘演員小莉

舞台前坐滿了觀眾

小莉對爆滿的觀眾感到擔心

觀眾熱烈的掌聲響起

登台前

他人在場

激起表現動機

強化強勢反應的表現

強勢反應是提高表現
→ 社會助長

愛咪完全投入表演的角色中

強勢反應是降低表現
→ 社會抑制

小莉無法專心投入表演的角色

聰明的人會一起做出糟糕的決定?

「三個臭皮匠勝過一個諸葛亮」這句話在說明團體的力量大於個人,不過如果團體被要求做出一個重要決定,那麼,團結力量大就不一定成立囉! 在心理學的研究裡顯示,團體並不一定會做出最理智的決定,反而可能會在一些社會力量的影響下做出不恰當的決定。

立場一致的團體導致極端的決策

社會心理學家發現,如果團體大部分成員的意見在一開始是保守的,那麼團體討論會使他們更趨向保守的一端,而如果一開始的意見就比較冒險,團體討論就會更趨向冒險的一端; 也就是說,團體討論會導致更極端的決定,這就是所謂的「團體極化」。

為什麼會發生團體極化的情形呢?可能的原因如下:◆說服論點的呈現方式:在團體中呈現越多論點的立場就越容易受到支持,而且討論一開始就出現的立場容易引發較多的支持論點,這些支持性的論點又會更強化原先的立場。◆社會比較與自我呈現:團體成員往往會在意自己的立場是不是比別人高明,如果發現團體成員跟自己持有相同立場,就會發表更極端的論點以滿足「高人一等」的需求。◆社會認同:團體成員在討論中為了讓自己更認同這個團體,並爭取團體對他的認可,因此會使自己的意見不僅符合團體的意見,甚至更為強烈。

不過團體討論不一定都會造成決策極端化,如果團體成員贊成與反對的人數各佔一半,則會造成妥協的結果,團員對立的意見會達成協議,這就是團體去極化的效應。

團體迷思易釀成大禍

有時候一群看似聰明、理智的人也會做出糟糕的決定,這就是所謂的「團體迷思」。當團體本身的凝聚力很高,而且有一位強勢的領導者,團體便會隔絕外界的訊息,並且強烈贊成領導者的決策,以提高團體士氣並避免自己被排斥。這時候就算團員心裡有所疑慮,他們也會說服自己相信這些懷疑微不足道、不值得被提出來。一九八六年美國挑戰者號在發射七十二秒後於空中爆炸,就是導因於決策團體在團體迷思下做出的錯誤決定,當時工程專家警告過冷的空氣可能會讓太空船爆炸,但上層決策者卻因為過度樂觀而忽略了這樣的警告,堅持發射太空船,導致發生太空船內所有人員喪生的慘劇。

團體迷思分析

先決條件

1. 高凝聚力的團體
2. 隔離外界訊息
3. 強勢的指揮領導
4. 對各種方案的利弊欠缺考慮
5. 找不到其他比領導者贊成的方案更好的方案

強烈希望團體達成共識

全員的集體共識一致

產生團體迷思

1. 不會失敗的錯覺
2. 對團體的高度信任
3. 集體合理化
4. 對外團體有刻板印象
5. 排除自己內心的懷疑與異議
6. 全體無異議的錯覺
7. 對異議者施加壓力
8. 只呈現跟團體一致的意見

做出不良決策

1. 未對各種行動進行完整調查
2. 未對團體目標進行完整調查
3. 未檢視偏好選擇所冒的風險
4. 未再次評估被拒絕的其他選擇
5. 未充分蒐集相關訊息
6. 選擇性蒐集訊息
7. 未發展出替代備案

人為什麼會攻擊別人？

任何意圖傷害別人的行為就是攻擊，包括身體攻擊、口語攻擊、憤怒與敵意等，為什麼人們會產生攻擊別人的行為或慾望呢？要瞭解這個問題必須先瞭解人們憤怒的來源。

引發攻擊行為的誘因

大部分的攻擊是由憤怒而產生。憤怒可能來自別人的攻擊、受到挫折、報復的動機等等，以下是引發攻擊行為的原因：◆**酒精**：正常人會用理智壓抑攻擊的衝動，酒精則容易讓人們的理智鬆懈下來，因而解除對攻擊行為的禁制。◆**男性賀爾蒙**：研究發現在男女身上都會分泌一種男性賀爾蒙：睪固酮，睪固酮濃度越高越容易有攻擊的慾望。◆**引起身體不適的因素**：過高的氣溫、臭味、潮濕、擁擠、空氣污染、噪音都會引發攻擊的衝動。◆**別人的襲擊**：出乎意料的襲擊會激怒個人，因而採取直接的報復攻擊。◆**受到挫折**：挫折是指對於達成目標的干擾或阻礙，挫折引發的感受會使人攻擊。◆**報復的預期**：預期自己能報復的人較容易記仇。◆**對攻擊行為的解釋**：將別人對自己無心的侵犯解

釋為蓄意，就會引發攻擊。

約會強暴減少攻擊行為的方法

減少甚至杜絕攻擊行為的產生，有以下七種方法：

1. **害怕懲罰與報復**：害怕攻擊他人後被懲罰或遭到報復可以減少攻擊行為。不過懲罰與報復有時候會因此而引起反擊式的攻擊，或者變成只要能躲過懲罰與報復就會表現出攻擊行為，所以這個方法雖然可以立即收到成效，卻可能付出更大的代價。

2. **宣洩管道**：攻擊的衝動會使人處在某種張力下，如果能有其他宣洩管道，就能避免攻擊行為產生。

3. **避免處於挫折情境**：盡量避免讓自己處於可能被襲擊的情境中，例如：避開別人在吵架的情境，免得遭到無妄之災；盡量尋找達成目標的替代性協助，以減少挫折發生的心理衝擊。

約會強暴

男女有時會對約會所表現的動作有不同的解讀，對女性而言是表現友善的行為可能被男性視為是對性的渴望，例如：去男性的住處、和男性喝酒、衣著性感等，這時候如果女性拒絕男性的性愛動作，則會引發男性的挫折攻擊，加上認為女性說「不要」就是「要」的迷思，而強暴了女性。

4. 學習控制自己：學會抑制攻擊的衝動，然後在適當的時機以其他替代的方式發洩。

5. 替代性攻擊：將攻擊的慾望宣洩到其他無害的目標上。

6. 理解對方的處境與動機：以同理心來瞭解對方的心情與行為的原因，可以有效消除攻擊對方的慾望。

7. 培養溝通與解決問題的技巧：良好的溝通技巧可以減少憤怒產生的機會與強度。

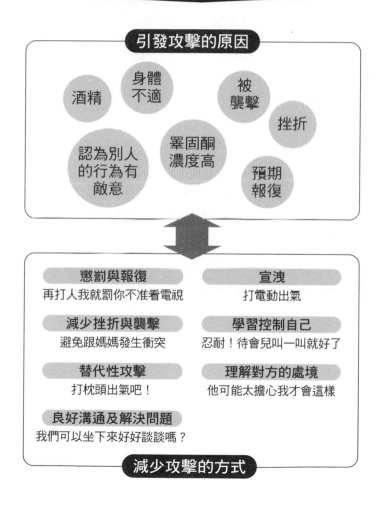

攻擊行為的原因與應對

引發攻擊的原因

酒精

身體
不適

被
襲擊

挫折

認為別人
的行為有
敵意

睪固酮
濃度高

預期
報復

懲罰與報復
再打人我就罰你不准看電視

宣洩
打電動出氣

減少挫折與襲擊
避免跟媽媽發生衝突

學習控制自己
忍耐！待會兒叫一叫就好了

替代性攻擊
打枕頭出氣吧！

理解對方的處境
他可能太擔心我才會這樣

良好溝通及解決問題
我們可以坐下來好好談談嗎？

減少攻擊的方式

什麼情況下我們會奮勇助人？

有時候人會在對自己沒有任何好處，甚至會傷害自己的情況下幫助別人，例如：跳到海裡救溺水的小孩、衝到火場裡救人等，什麼時候我們會表現出這些奮不顧己的助人行為呢？

影響助人意願的情境

社會心理學家發現，除了助人者本身的人格特質外，還有以下的情境因素會影響人們是否助人的重要關鍵：◆**他人的存在**：我們經常發現在車禍現場有不少群眾圍觀，卻沒有半個人打電話給警察和救護車！當人一多，大家都可以提供援助，助人的義務與不助人的成本會被分攤掉，於是就沒有人表現出助人行為；相反的，如果只有一個人看到、聽到危急的場面，他會因為要負擔沒有提供協助而帶來的愧疚感與責難，就會義無反顧的幫助別人，所以人越多反而越沒有人會伸出援手。◆**環境狀況**：許多研究證實天氣、噪音與城市大小等環境因素，對助人行為也會有影響，人們在好天氣、白天、沒有噪音的情況下比較願意幫助別人，處在小城鎮也比在都市裡更容易得到別人的幫助。◆**時間壓力**：當人們處在時間壓力下比較不容易幫助別人，時間壓力會使人忽略別人的需求。◆**助人者的心情**：人在心情好的時候比較願意幫助陌生人，不過有時候人為了改善壞心情也會助人，因為助人有可能帶來好心情。◆**同理與憐憫**：看到別人的悲慘遭遇會自然的升起憐憫之心，同理心則可以體會到對方的辛苦，這兩者都會讓我們更願意幫助別人。

什麼樣的人容易得到幫助

一般來說，會得到幫助的人有兩種：◆**我們喜歡的人**：我們傾向幫助吸引自己的人，以及跟自己具有相同特質、態度、價值觀的人。◆**被判斷是真正需要幫助的人**：我們會判斷求助者是不是值得被幫助，也會判斷他需要被幫助的原因，如果那個求助者其實可以自己克服困難，像是缺錢的年輕人可以去打工，或者讓他陷入困境的原因是可以自己控制的，例如：因為懶惰而找不到工作的人，就不會得到幫助。只有自己無法克服困難，而且遭遇的困境是無法控制的，如天災、人禍，人們才會伸出援手。

拒絕幫助的原因

某些時候，人會拒絕別人的幫助，這是因為對方可能覺得接受幫助就代表他真的沒有用了，因此抗拒你的協助以維護他的尊嚴；也有可能他害怕接受協助會使他變得依賴而失去自由；最後還有一個可能是他怕將來必須報答幫助他的人，所以才會拒絕接受幫助。瞭解這些因素可以幫助我們克服被幫助者的障礙，讓需要幫助的人都能得到協助。

幫助他人的四個決策關鍵

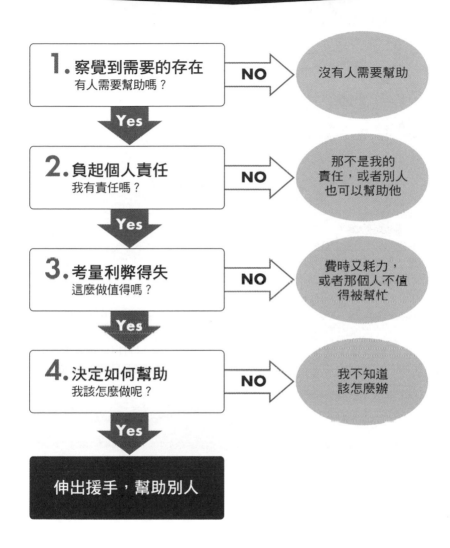

1. **察覺到需要的存在**
   有人需要幫助嗎？　　**NO** → 沒有人需要幫助

   ↓ Yes

2. **負起個人責任**
   我有責任嗎？　　**NO** → 那不是我的責任，或者別人也可以幫助他

   ↓ Yes

3. **考量利弊得失**
   這麼做值得嗎？　　**NO** → 費時又耗力，或者那個人不值得被幫忙

   ↓ Yes

4. **決定如何幫助**
   我該怎麼做呢？　　**NO** → 我不知道該怎麼辦

   ↓ Yes

伸出援手，幫助別人

Chapter 6

人一生的成長與發展

　　人的一生是不斷發展變化的，隨著年歲增長，不僅生理、經驗會有所改變，就連認知思考、心理狀態以及社會行為也都會跟著改變，我們應該對這些變化的發生情形與意義加以瞭解，才能面對變化，幫助別人與自己因應不同階段的人生挑戰，積極發展人生意義。

- 小孩子眼中的世界跟大人不一樣嗎？
- 為什麼有的小孩會黏母親？
- 哪種小孩不怕陌生人？
- 我們如何發展判斷是非的標準？
- 長大成人後要負擔什麼責任？
- 為什麼有人會有退休症候群？

什麼是發展心理學？

生、老、病、死是每個人都必然經歷的人生縮影，現實生活裡沒有人可以像電影、小說或卡通裡的人一樣把時間凍結。打從受孕開始，人們就在遺傳、物質環境與社會環境的影響下不斷發展變化，人一生中的各種發展變化就是發展心理學要關心的主題。

人生變化三部分

在實際的生活中我們可以觀察到某些年齡層的人在生理、心理及認知上的狀態比較接近，而且跟其他年齡層的人有著明顯的不同；比方說，年紀大的人必須思考死亡的問題，年紀輕一點的人則比較關心自己能不能成家立業。發展心理學就是專門研究人類畢生發展歷程的學問，關心人如何變化、在什麼時間變化以及為什麼會變化的問題，這些變化包含三大部分：

一、生理：由胚胎受孕開始直到青少年，我們的生理會不斷成熟，成年期達到顛峰後便開始逐漸衰老，包括了身高、體重、骨骼、肌肉、感官、動作技巧等。

二、認知：個人出生後在適應環境的過程中，對事物的認識、思考方式以及解決問題的能力會隨著年齡增長而有所改變，包括了知覺、想像、判斷、記憶、思考等。

三、心理與社會：隨著生理、心智與社會環境的改變，人們對待他人以及看待自己的方式也會有所改變，包括了人格、情緒、人際關係、社會行為等。

人生發展重要階段

雖然每個人的經驗可能因為個別差異而多少有點不同，但大體來說人一生大約會經歷以下幾個重要發展階段：**1. 胎兒期**：卵子受精後大約八週就已初具人形，四十週就可發育為成熟的胎兒。**2. 嬰幼兒期**：零歲到兩歲是嬰兒期，幼兒期則大約是兩歲到六歲。嬰幼兒在這段時間內將學會行走、語言、運用感官及動作來認識事物、發展出對照顧者的依賴，在這段時間內的社會互動對人格發展影響很大。**3. 兒童期**：六歲到十二歲，大約是小學的階段，最重要的發展任務就是學習知識與技能，並學習和家庭以外的成員相處，逐漸培養獨立生活的能力。**4. 青少年期**：十二歲到二十歲。這段時期可以說是人生的尷尬期，既不是兒童也不是成人，再加上性發展與生長過速，情緒較不穩定，對未來茫茫無所知，積極尋找認同，會問自己是誰，以後要當什麼人這類的問題。**5. 成年期**：二十歲到四十歲，大約每十年有一個比較大的轉折。在這段時間裡，由被照顧者轉為照顧者、由學生成為工作者、家庭關係因為婚姻而產生轉變、面臨較大的社會壓力。**6. 中年期**：

四十歲到六十五歲。開始感受到身體的老化，事業大致定型、經歷更年期、子女離家等變化，有人會在此階段喪偶或離婚，可能開始生病。7. 老年期：六十五歲以上。生理衰退、社會責任解除、親友逐漸凋零，必須重新安排退休後的生活、面臨死亡壓力。

發展心理學

生理
- 產前的發展與出生
- 嬰兒視覺、聽覺、味覺、觸覺、嗅覺發展
- 青春期的身體急速發展與性的發展
- 成年期以後的生理衰退

發展心理學關心的議題

心理與社會
- 嬰兒社會依附的發展
- 性別與性別角色的發展
- 攻擊行為的發展
- 助人行為的發展
- 遊戲與人際關係
- 道德標準的發展
- 人際關係與社會認知的發展
- 家庭、婚姻與親子關係
- 人格發展
- 職業發展
- 死亡

認知
- 嬰兒的認知發展
- 兒童的認知發展
- 語言發展
- 智力與創造力
- 青年期的認知發展
- 成人智力
- 老人的學習與思考
- 老人的記憶

兒童如何在成長中獲得知識？

我們認識事物、獲得知識的能力是隨著年紀發展出來的，那麼由嬰幼兒一直到兒童，認識世界的能力經歷過哪些變化？依據怎麼樣的原則來變化？瑞士心理學家皮亞傑為了回答這樣的問題，做了許多研究，雖然他的理論引起許多爭議，但也因此開啟了認知發展領域的研究。

兒童認知世界的方式

在皮亞傑對兒童進行的研究發現人有三個共通的認知思考機制：

一、組織：兒童會不斷組織已有的知識，個別的知識會被組織成完整系統，認知結構會越來越複雜以適應環境的需求。

二、適應：兒童的認知發展是由同化及調適這兩種處理機制交互作用而成，如果兒童以原有的認知結構來面對新環境、新問題，並將新的訊息加進原本的認知結構中，就是運用同化的方式來適應環境；但當原本的思考方式不足以解決新問題的時候，兒童也可以改變原本的認知結構，這就是以調適的方式來適應環境。

三、平衡：個人與外界之間，以及個人所具有的各個認知元素之間會有求取平衡的傾向。當兒童無法以既有的認知架構處理新經驗時，就會組織新的認知結構以恢復平衡。

皮亞傑的認知發展四階段

在這幾個大原則的作用下，兒童的認知結構會經歷幾次的大轉變，每一次的轉變都意味著舊的知識體系被新的知識體系所取代，兒童在發展到具有成人的思考能力前會經歷四個認知發展階段：**1. 感覺動作期**：零～二歲，嬰幼兒時期對外界的認識仰賴像吸吮之類的反射動作，之後再用日漸成熟的運動技巧與外界互動，並在互動中逐漸建立起對事物的認識。**2. 準備運思期**：二～七歲，思維方式尚未成熟，思考問題時容易專注在問題的某一個面向，而且沒有質量守恆與重量守恆的概念，如果你當著他的面把兩團一樣大的麵團揉成方形跟長條形，再問他哪一個比較多，他們會固守在形狀這個問題上而覺得一定有一個比較多。**3. 具體運思期**：七～十一歲，可以就觀察得到的情境做邏輯推理，例如推想以下問題：甲比乙跑得快，乙比丙跑得快，那麼誰是最快的？**4. 形式運思期**：十一歲以上，可以做超乎現實的抽象推理，並能找出因果關係。

皮亞傑認知發展論

階段	年齡（歲）	特點
感覺動作期	0～2	運用感覺、動作來理解事物、認識世界
準備運思期	2～7	開始使用簡單的語文符號從事思考，可理解當下情境，說出行動的理由，自我中心，以擬人化的方式來理解、說明事物
具體運思期	7～11	能從具體事例推理思考並運用符號，但看不見物體的思考必須是生活中具體可見的，還不會憑空想像
形式運思期	11以上	可擺脫具體事例的限制，做抽象思考與推理。可形成假設，做分析、回想，運用邏輯思考

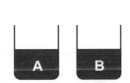

裝同樣容量的兩個杯子

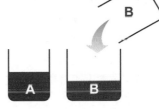

將B杯飲料倒入廣口的杯子

Q：哪一杯的飲料比較多？

A杯飲料較多，因為水位比較高

兩杯一樣多，因為來自同樣容量的杯子

四歲小孩　　七歲小孩

準備運思期的兒童深受眼前知覺經驗的影響，不能瞭解東西的內在其實並未改變。當孩子長到七歲以後，他們反應很接近大人了，可以將真實世界的一些重要性質抽象化，例如：數學。

哪種小孩黏媽媽？

> 嬰兒出生以後，在運動能力有限、視線模糊、強烈需要食物、水與溫暖、沒有辦法保護自己的情況下，為了求生存，嬰兒必須依賴別人對他的照顧，所以嬰兒會跟主要照顧他的人產生強烈的情感連結，相對的，嬰兒的主要照顧者也會全心的掛念著他，也就是說嬰兒與主要照顧者之間會產生依附關係。

安全型依附的小孩較黏母親

依附關係的品質跟嬰兒與照顧者之間的互動方式有很大的關係，如果嬰兒發出某些訊號，但照顧者卻沒有反應，那麼這類的訊號就會漸漸消失。嬰兒也會靈敏的應對照顧者所發出的訊號，以便調整自己的行為來配合照顧者表現出的愛的行為，才能維持、激發照顧者對他的持續關愛。像這樣在早期所發展出來的依附關係對人們日後的發展影響很大，孩子在依附關係中塑造他對於人際關係的看法。發展心理學家觀察嬰兒的依附行為發現，依照互動關係的品質，可以將依附關係歸類出以下三種類型：◆安全型依附：大約70%的嬰兒的依附關係屬於這一型。與母親單獨相處時會主動的探索房間，並以母親作為安全基地，對於跟母親分離感到不安，但當母親回來時會熱情的迎接他，喜歡與母親的身體碰觸，母親在場的時候對陌生人顯得友善而好交際。◆抗拒型依附：大約10%的嬰兒屬於這一型。這是一種沒有安全感的依附，對母親愛恨交加，母親在場時他們顯得焦慮不太敢四處玩耍，母親離開時則非常苦惱，但當母親返回時，他可能會想親近，卻又會表現出恨意，例如打、踢母親，不論母親在不在場，都對陌生人保持高度警戒。◆迴避型依附：大約20%的嬰兒屬於這一型。對探索不感興趣，與母親分離時不會苦惱，當母親回來的時候則避免接觸，對陌生人的態度跟對待母親差不多，都會刻意保持距離。

不良依附的影響可後天改善

抗拒型依附關係的父母通常對孩子的照顧方式反覆不定，有時候反應熱烈，有時候很冷淡，大部分的時候是沒有什麼反應的，一切視他們的心情而定；迴避型依附關係的父母則比較缺乏耐性，他們可能排斥嬰兒或提供過度刺激給嬰兒。這兩種依附關係下成長的孩子，日後比較難適應環境及與人相處，不過並非沒有辦法改善依附關係的影響，如果他在之後的生活經驗中遇到好的同伴關係，那麼他還是可以發展出良好的社會適應能力。

嬰兒依附關係

行為種類	依附類型		
	安全型	抗拒型	迴避型
Q1 當照顧者在場時，嬰兒是否表現出探索行為？	是，會主動探索	否，反而抱緊照顧者	是，但探索性有限
Q2 嬰兒是否對陌生人有正面反應？	是，照顧者在場時嬰兒很自在且友善	否，即使照顧者在嬰兒也很害怕	否，對陌生人跟對照顧者一樣冷淡
Q3 與照顧者分離時嬰兒有沒有表示抗議？	是，至少有輕微苦惱	是，極端焦躁不安	否，似乎一點都不困擾
Q4 照顧者回來的時候嬰兒有沒有表示歡迎？	是，會熱情歡迎	是與否，表現出又愛又恨的行為	否，忽略或迴避照顧者

兒童期發展

成為一個社交性強、好奇、合作及有信心的小孩	成為一個社交性低、自信心不足且難相處的兒童	成為一個容易退縮、無安全感、冷漠的兒童

一個孩子在嬰兒期是否有安全依附的發展，對他日後在兒童期能否健康發展是十分重要的。雖然說早期的生命經驗可能經由後天環境的安排獲得改善，但品質不良的早期經驗會影響到孩子日後在人格與社會發展上處於不利的地位。

人如何發展判斷是非對錯的標準？

一個人判斷是非對錯的理由可以表現出自己內心的道德標準，發展心理學家柯柏格認為人類的道德標準應該是循序發展的，在不同的發展階段人們會用不同的道德標準來衡量同一個故事情境，並做出不同的判斷。

漢斯該不該偷藥？

柯柏格認為，道德發展雖然大致上有年齡的區隔，但不一定每個人都可以在同樣的年紀達到該階段的道德發展，也不是每個人都能夠發展到最高層次。為了研究道德發展的階段，柯柏格以道德兩難的問題請孩子們說出他們的判斷標準，最著名的故事就是「漢斯該不該偷藥」：漢斯的太太因為癌症就快要死了，只有一種藥可以救她，但發明這個藥的藥劑師竟然要跟漢斯收二千美元，這個價錢大約是製藥成本的二十倍，漢斯向所有認識的人籌錢卻只能籌到一半，漢斯希望藥劑師可以救救自己的太太把藥用半價賣給他，但藥劑師說什麼也不肯，於是漢斯十分失望並闖入店裡把藥給偷走，請問，你覺得漢斯該不該這麼做？為什麼？

柯柏格請不同年齡、社經階層的與智力水準的人回答這個問題，然後依據人們的理由將道德發展分成三層次六階段，他發現六～十二歲的兒童中期大約屬於「道德成規前期」、十三～十六歲的青春期則屬於依循傳統道德規範的「道德循規期」，大約只有一半的青少年（約十六～二十歲）可以達到自我接受的倫理道德層次。

道德成規前期

是指依據行為結果來決定對錯，也就是行為會不會直接導致獎勵或懲罰。道德成規前期會經歷兩階段：階段一「避罰服從取向」：以是否會被懲罰為標準，例如：漢斯不該偷藥，因為他如果被抓到就會被懲罰。階段二也就是「相對功利取向」：滿足需求與慾望的行為就是好的，例如：漢斯可以偷藥，因為他太太有需要。

道德循規期

行為的對錯必須根據是否符合或擾亂社會秩序而定，個人會服從並維持社會秩序、認同社會成員，判斷標準由直接的個人結果提升到社會性後果。此時期經歷的兩階段為：階段三「尋求認可」：可以獲得大多數人認同的行為就是對的，例如：漢斯可以偷藥，因為這是一個好先生應該做的事。階段四「服從權威」：行為必須遵守最高的法律權威，例如：漢斯不該偷藥，因為偷竊是違法的行為。

道德自律期

個人判斷是非的標準不再尋求他人或權威的認可，而是以自己的良心作依據。此時期會經歷階段五「法治觀念」：法律應該可以為了滿足合理的需求而修改。例如：漢斯偷東西固然違法，但他不見得就是錯的。階段六「價值觀念」：以自己的價值觀為判斷標準，例如：漢斯的太太雖然急需這個藥，但沒有人希望自己的東西被別人給偷走。

柯柏格道德發展論

	階段	說明
道德成規前期 6～12歲	**階段1** 避罰服從取向	缺乏是非善惡觀念，只因恐懼懲罰而服從規範。
	階段2 相對功利取向	以行為的結果作為判斷行為好壞的唯一根據，受罰的行為就是壞的，為取得報償而遵守規範。

道德教育可介入的時期

	階段	說明
道德循規期 13～16歲	**階段3** 尋求認可	順從傳統要求，附和成人意見，冀求別人讚許，表現從眾行為。
	階段4 服從權威	服從團體規範，嚴守公共秩序，尊重法律權威，判斷是非時有法治觀念。
道德自律期 16～20歲	**階段5** 法治觀念	有責任心、義務感，尊重法治，相信法律是人為了維護公益所制訂的。
	階段6 價值觀念	相信道德的普遍價值，認識人類尊嚴，憑自己的良知判斷價值，有所為有所不為。

成年人如何面對社會要求？

相較於青少年，成年人在心理、情緒與社會行為的穩定度較高，可以衡量利弊得失，對自己的行為負責，也逐漸發展出對事物的偏好與價值觀。成年人由於面對離開學校、建立家庭、進入職場以及父母衰老等情況，使自己的社會角色產生重大變化，同時也越來越多樣。

長大了要負擔什麼責任？

隨著社會角色的增加，成人要面對的社會挑戰也越來越多，成人至少會被要求擔負以下四種責任：

一、性的需求：性生活的滿足是傳統婚姻的重要功能之一，也是維繫婚姻關係很重要的一部分。

二、生育撫育子女：成年人的婚姻被賦予生兒育女的責任，擔任父母的角色不僅要提供生活上的照料，還必須負起傳承文化的責任。

三、就業：成人在脫離學校完成學業之後，為了撫育家庭、回饋社會而進入職場，在現代生活中，個人大多在組織、機構中工作，職場於是成為成人的一個生活圈，成人在這個圈子裡發展人際關係並尋找自我價值。

四、參與社會並負起公民責任：成人藉由加入許多團體大量增加他們的社會參與，接受社會賦予的責任與義務以負起公民責任。

完成學業、就業與婚姻

學業、就業與婚姻是成年人的三大項主要任務，成年人必須在這段時間內完成學業、找到適任的工作並完成婚姻大事。

◆**學業**：多數人到了二十多歲應該已經完成基礎、進階或職業教育，以因應社會生活與工作事業，但現代人為了應付變遷快速的社會或增加個人競爭力，往往必須延長就學時間，以取得更高學歷、學習更多的知識與技能。

◆**婚姻**：一般人在二十.二十五歲左右會開始尋覓適當的配偶，結婚後則可能面臨與雙方家長相處、工作與婚姻衝突、子女生育與教養、夫妻關係的維繫、家事分配、外遇、離婚或喪偶、家庭經濟壓力等種種問題，成年人必須因應每一種壓力才能維持平衡、創造快樂生活。

◆**就業**：成年期是職業生涯最重要的階段，大學畢業後的前五年是職業的試探期，個人開始思索自己未來想從事的行業，以及現在的行業跟自己的性向是否相符、滿意目前的工作環境嗎？在這時期換工作是很平常的事，但到了三十歲便希望確立志向、結束探索。成人在職業上可能感覺到倦怠或遭遇壓力，壓力不外乎是由以下原因所形成：個人在組織中的角色定位不明、工作環境不佳、工作量過大、時間壓縮、職業生涯發展不順遂、人際關係不佳、組織氣氛太差等，不論是職業倦怠或職業壓力都會形成危機，成人也必須謹慎應對。

麥考伊成年期的發展階段與任務

**18-22歲
脫離依賴**

- 脫離情感依附
- 開始工作
- 管理家務
- 調適自己的生活
- 處理因改變而產生的壓力
- 生涯選擇
- 處理同儕關係
- 管理時間
- 解決問題

**23-28歲
成為成人**

- 選擇伴侶　・安置工作　・為人父母
- 參與社區　・明智消費　・擁有自己的住所
- 社會互動　・解決問題　・處理壓力
- 完成獨立自主
- 處理因改變而產生的壓力

**29-34歲
完全獨立**

- 找尋個人價值
- 生涯進展
- 落地生根
- 重新評估關係
- 接受成長的小孩
- 建立永久家庭

**35-43歲
重新檢視**

- 探索生命的意義
- 重新檢視工作
- 發展青少年親子關係
- 調整與父母的關係
- 適應單身生活
- 重新評估婚姻

- 重新評估個人優缺點

**44-45歲
重新建立**

- 適應工作現實
- 適應空巢期
- 積極參與社區
- 管理休閒時間
- 適應單身狀態
- 處理因改變而產生的壓力
- 脫離小孩
- 更加投入社會
- 處理年長父母的需求
- 處理孩子獨立離家的問題
- 解決問題

如何安排老年生活？

老化是每個人都必須經歷的過程，在步入老年的階段我們可以感覺到身體功能逐漸退化、身手沒有年輕時候來得矯健，但是智慧以及時間卻多了許多，再加上社會責任的解除，只要能夠調整好適應老化的心態，並且提早安排生活，就可以解決老年的調適問題，達到人老心不老的境界。

退休心理六階段

退休是影響老人生活最重要的一個因素，不同的退休方式對退休者也會造成不同的影響。因符合退休規定而被強制退休者，剛開始會滿腹牢騷，之後便會開始安排生活；因健康欠佳而辦理退休者最不快樂，不論退休後期健康狀況是否改善，他適應生活的能力都會比較差；自願退休的就比較能坦然接受生活的轉變。由積極適應的角度來分析，退休生活大約會經歷以下六個階段：**1. 退休前期**：真正退休之前的時間，有的人會因為要退休而憂心忡忡，也有人一心嚮往退休後的逍遙自在，健康跟穩定的經濟是決定快樂與否的重要因素。**2. 蜜月期**：解除束縛，自由自在。如果退休前沒有妥善規劃生活與經濟運用方式，很快就會陷入沒有目標或是經濟窘迫的困境。**3. 醒悟期**：突然面對自己正式邁入老年的事實，產生適應困難的情形，可能會渴望回到工作崗位。**4. 再適應期**：重新思索生命、探索新生命、

發展新承諾，開始尋找可以幫助自己找回生命價值的工作。**5. 穩定期**：釐清老年人的角色，開始將生活穩定下來。**6. 終止期**：因為生病而失去照顧自己的能力，轉變為病人。

退休是人生的另一個開始

要做好妥善的退休規劃必須讓退休的長者明白：一、退休並非退出，而是社會再參與的開始；二、退休並非結束，而是人生另一個新階段的開始；三、退休並非坐享清福，而是人生目標的再整理、再定位；四、退休並非完全的依賴，而是自我價值的再定位；五、退休並非自然過程，而是計畫過程。讓老人家能夠滿足心理上有意義、精神上有寄託、人際上有感情、生活上有安定、環境上有安全的需求，鼓勵他們繼續學習、安排適度的休閒活動，也可以參加宗教活動與志願服務，如此一來就可以減緩退休與老化的衝擊，讓老人過一個安祥和樂的晚年。

退休老化過程六階段

終止期
結束老人角色

穩定期
老年人「再社會化」的結果。接受自我、認同社會的角色期待與態度，發展出穩定的角色認同、肯定自我價值、發展統整行為。

此階段需藉由建立正確的老年生活觀，與適當的社會參與網絡才能達成。

再適應期
重新定位自己，使自己的角色符合退休後實際生活角色的規範，參與社會活動以融入社會，建立社會互動關係。

醒悟期
經歷「退休震撼」，感受到經濟威脅、同儕朋友關係的不足、喪失工作的失落、產生無用感、與社會脫節、無法獲得自尊的滿足，而無法正常生活。

這是因為退休後的角色與自己在退休前所期望的角色不同所致。

蜜月期
可以自由安排生活、無事一身輕。

退休前期
因為忽略退休，所以沒做好心理準備也沒計劃，因而出現消極、退縮、徬徨、不敢面對等退休症候群現象。

退休前的生涯規劃與退休生活的安排，可以有效避免適應不良的情形。

Chapter 7
認識壓力與
心理疾病

　　「最近壓力好大」、「心情不好，怎麼樣都提不起勁」、「幫我減減壓吧，真需要好好放鬆一下」……這些話對大多數人來說並不陌生，現代人生活步調快速，每個人必須面對瞬息萬變的社會與生活情境，壓力與心理困擾也逐漸成為生活的一部份，在憂鬱症躍升為全球三大疾病的二十一世紀初裡，調節壓力與心理困擾已成為重要的生活技能，透過本章對壓力與各種心理疾病的說明，你將可以初步了解心理疾病，同時學到適當的面對方法。

- 心理疾病是由壓力造成的嗎？
- 壓力很大時該怎麼辦？
- 異於常人就表示精神有問題嗎？
- 為什麼有些精神病患會攻擊人？
- 憂鬱症和躁鬱症有什麼不同？
- 多重人格如何產生？

壓力的影響與調適

每個人多少都有過壓力經驗，但每個人對壓力的感受程度和處理方式卻有很大的差異。同樣面對考試，有人泰然處之、念多少算多少；有的人卻如臨大敵、天天拉肚子。類似的狀況也會發生在其他壓力事件上，為什麼會這樣呢？到底哪些事引起壓力呢？當壓力產生時，我們又該如何調適？

壓力來源

壓力的來源非常廣泛，從生理的不舒服、不滿足，如：飢餓、疲倦、生病，到社會文化的不相容，如：移民、無法符合社會規範要求等；此外還有心理上的衝突、環境不佳、發展不順利、人際關係不好甚至政治經濟不穩定，都會讓人倍感壓力。人生在世，沒辦法百分之百的避開所有壓力，而且，研究顯示沒有壓力也會使身心出現問題，適度的壓力才能讓人保持在最佳狀態。所以，我們應該學習如何管理壓力，而不是避免壓力。

內控性格的人較易面對壓力

那麼，到底壓力對人會產生什麼影響？哪種人特別容易受到壓力的影響呢？壓力其實是跟一連串的判斷過程有關，當個人面對一個壓力情境時，他會評估自己所擁有的各項資源是不是足以應付，如果他判斷自己的能力不能符合環境的要求時，就會受到威脅，並因而產生壓力，由此可見，壓力產生與否跟個人的性格、過去的經驗以及他所擁有的各項資源很有關係。

比方說，有的人性格上傾向於相信生活中的事情都是自己能控制的，我們稱這種人具有「內控性格」，而有些人則認為事情的發展方向不是個人可以控制的，不論成功或失敗都是外在環境決定的，這種人則是具有「外控性格」。當面臨壓力事件時，內控性格的人會將壓力情境當成可以解決的挑戰，努力整合、開發、使用其資源，外控性格的人則因為認為自己沒辦法抵抗而拒絕面對。所以內控性格的人面對壓力時，比較能藉由正向的處理方式，而逐漸舒緩壓力並獲得成長，外控性格的人則可能被壓力擊倒或完全沒有壓力，很難在壓力情境下成長。

什麼是正面壓力？

壓力太大可能讓人放棄一切，完全沒有壓力也會讓人懶散或失去目標，適當的壓力可以讓人上緊發條，激發出更好的表現，這就是正面壓力。例如：上台簡報就比寫報告更為緊張有壓力，卻能讓參與者積極投入學習與準備工作中。

壓力評估

【生活事件】
上班族阿浩被公司裁員，
面臨失業問題

評估事件是不是
有待解決的問題

【初級評估】

是問題	不是問題
1.要撫養一家三口	還有存款可以因應
2.房貸、車貸金額高	短期生活

壓力上升　　　　　壓力下降

【次級評估】

無能力或無助	有能力或資源
1.年紀不小	1.有熟人可引薦新工作
2.本身專長不符合現	2.有第二專長
有就業市場	

評估是否有資
源與能力處理

壓力上升　　　　　壓力下降

【因應方式】

評估其他的因應方式

失敗	成功
應徵工作失敗	順利找到工作

壓力上升　　　　　壓力下降

嚴重壓力的不良影響

壓力對人的影響往往超過我們的想像,許多人因為低估壓力的影響,而不斷承受壓力,因而打亂生活步調甚至得到憂鬱症,因為壓力對人的影響是遍及生理、情緒、認知與行為。

長期而嚴重的壓力會使人產生某些器官的損害,甚至罹患疾病。這些由心理因素所導致的生理異常,對病人來說,這樣的痛苦並非只是「想像」,而是身體真的也感受到病痛,像是由壓力引發心血管疾病(如高血壓、心臟病、中風)、消化系統疾病(如胃潰瘍、腸胃炎)、神經系統疾病(如頭痛、背痛、風濕性關節炎)、免疫系統疾病(如濕疹、蕁麻疹、過敏)、內分泌系統疾病(如月經失調)等。

壓力也會激起情緒反應,造成沒有明確原因的憂鬱、焦慮、恐懼、不安、對未來無助、沮喪、擔心、自責愧疚。容易發怒或哭泣、容易情緒失控。雖然憂鬱、悲傷對某些壓力來說是合理的反應,但是長期的憂鬱會帶來負面的結果,甚至造成憂鬱症。

雖然適度的壓力可以幫助學習,但壓力太大則會讓我們的認知反應產生失調,例如:注意力無法集中、短暫失去記憶、思考僵化、解決問題的能力下降。壓力過大也會使行為明顯反常,如平常有說有笑的人突然沈默、或是會顫抖、厭食、暴飲暴食、疲倦、失眠或昏睡等,嚴重者導致像厭食症、暴食症的發生。

如何面對壓力?

既然壓力無可避免,對生活的影響又如此全面,我們更應該發展有效的管理方式來舒緩壓力,如:做好時間規劃管理、建構自己的社會支持系統、注意飲食並培養運動習慣、學習放鬆技術,如冥想、靜坐、肌肉放鬆訓練等都是很好的方式,個人應該觀察自己在壓力下的反應方式,再找出能幫助自己因應壓力的好方法,把壓力由阻力變換為助力。

壓力會引發心理及生理疾病

對大部分的人來說,當壓力的狀況減輕或消除時,原本因為壓力而引起的生理心理失調情形就會恢復正常。但對於長期處在嚴重壓力下的人來說,卻可能因此造成生理與心理的永久傷害。

和壓力共存

檢討生活，做好時間管理
建立適當的工作模式、學會說「不」、積極爭取想要的東西，將生活調整到自己滿意的步調。

建立支持系統
支持系統包括：親友、宗教、諮商機構，可以幫助自己沈澱思緒、撫平情緒。

注意運動與營養
運動可以轉移注意力、放鬆心情；均衡飲食可提升免疫力，常保身體健康，兩者配合有效抗壓。

不讓壓力影響生活的有效辦法

去除不合理想法
對不合理的想法如：我一定會失敗、我是倒楣鬼……等，做客觀分析以消除之。

學習放鬆的技術
靜坐、調節呼吸、瑜珈、太極拳等活動都可以讓人身心放鬆並控制情緒，有效調節壓力感受。

提昇個人能力，增加資源
平時透過不斷學習，提升個人能力，並累積資源，面對壓力時較能游刃有餘，解除壓力警報。

如何診斷心理疾病？

有人說「異於常人」就是心理疾病的判斷標準，那麼伽利略在當時認定太陽是繞著地球旋轉的時代，提出地球繞日說顯然「異於常人」；不過現在都知道他並沒有罹患心理疾病，而且還是一位偉大的科學家，所以「異於常人」並不是一個好的判斷標準。那麼，什麼樣的行為與心理狀態才能算是心理疾病呢？

判斷心理疾病的兩套系統

精神醫學界在對心理疾病不斷努力的觀察與研究分析下，詳細將各病症的規範與條件定義下來，發展了兩套診斷系統，一套是世界衛生組織頒佈的 ICD（疾病分類法）以及美國精神醫學會所制訂的 DSM（精神疾病診斷與統計手冊）。兩套系統在不斷修訂後，已能彼此相互包容，診斷心理疾病時，精神科醫師或心理師會依據 DSM 或 ICD 的診斷標準判斷患者的行為、認知、情感、人格等狀態。

心理異常的徵兆

依據 DSM4（DSM 隔一段時間就會修訂某些病症，所以有版本之別，此處引用版本為 4）的定義，心理異常大致包含以下幾個方向：◆**困擾或無能**：過於擔心某事，而影響日常生活。如：怕感冒，一年四季穿大衣。◆**適應不良**：無法承受壓力、責任，造成適應不良影響生活。如：酗酒無法工作。◆**不合理的言行**：言談舉止失去理性，不為別人所接受。如：跟雨傘進行辯論。◆**難以預測的行為**：行為脫序失控，難以預料。如：突然衝到馬路上脫衣服罵人。◆**屬於少數族群**：在人口統計上屬於少數人。如：自閉症。◆**造成他人困擾**：行為違常並且妨礙別人。如：當眾在街口大便、尿尿。◆**違反道德標準或社會規範**：偏離社會規範、違反道德。如：戀屍癖。如果個人在生活上出現以上方向的狀況，還必須進一步接受診斷與評鑑，才能瞭解他是否已經達到疾病標準、罹患哪種心理疾病，以進一步接受治療。

心理疾病有哪些？

在 DSM4 中，心理疾病被概分為幾個大類，最常出現的類別為：◆**精神分裂症**：思考失去邏輯、精神活動與現實明顯脫節，甚至有人格崩潰的現象。◆**情緒性疾患**：以情緒障礙為主的病症，情緒波動大，過於高昂或過於低落。◆**焦慮性疾患**：時時處於焦慮狀態而沒有明確的焦慮對象。◆**身體性疾患**：因為心理因素，導致身體出現症狀的心理疾病。◆**人格異常**：因為性格扭曲使得個人無法適當的因應情境，並執行不同角色的社會功能。◆**解離性疾患**：個人遭遇挫折或壓力時，精神狀態發生解離的現象，部分記憶喪失、失去自我感、精神恍惚、人格戲劇性變化等。

常見心理疾病

常見心理疾病類別

情緒性疾患
- 憂鬱症
- 躁鬱症
- 躁症

身體性疾患
- 轉化症（俗稱歇斯底里）
- 慮病症
- 身體化疾患

焦慮性疾患
- 恐慌症
- 懼曠症
- 單純恐懼症
- 社交恐懼症
- 強迫症
- 泛慮症
- 創傷後壓力疾患

精神分裂症
- 妄想型
- 混亂型
- 僵直型（俗稱激動型或緊張型）
- 未分化型（尚未分化明確的類型或混合型）
- 殘餘型（曾有精神病史但無明顯症狀）

解離性疾患
- 解離性遺忘（俗稱心因性失憶症）
- 解離性漫遊
- 解離性身份疾患（俗稱多重人格）
- 自我感喪失症

人格異常
- 第一類人格疾患，包含：妄想型、類分裂型、分裂型（行為看來古怪或偏離常態）
- 第二類人格疾患，包括：戲劇化、自戀型、反社會型、邊緣型（行為看來富戲劇性，且極度情緒化）
- 第三類人格疾患，包含：迴避型、依賴型、強迫型（行為看來有焦慮或害怕的現象）

陷入幻想的精神分裂症

精神分裂症患者常在急性發作的情況下，懷疑自己被人跟蹤、陷害，而做出失控的行為，例如：用硫酸潑學生、衝撞官邸、持刀砍殺鄰居等等，到底罹患精神分裂症的人的精神狀態跟一般人有什麼不同呢？

異常的思維模式

精神分裂症屬於重度心理疾病，大多發生在青少年時期或成年初期，很少會在四十五歲以後出現。患者的思考與情緒表達之間嚴重分裂，沒有直接關連，例如：非常開心的談論親人過世等哀傷事件。精神分裂症患者在思考、情感、行為都會發生障礙，常見的思考形式的障礙有以下幾種：

一、思考跳躍：思考沒有一貫性，談論內容前後沒有關連，來龍去脈不清不楚，語無倫次，如：「明天劉德華會來看我，我吃了一個蛋糕，小狗叫我出去曬太陽」。

二、音韻連結：說話的後一段是由前一段的尾音發展的，如：「天空很藍，藍色啤酒海，海裡有鯊魚」。

三、思考貧瘠停頓：思考或談話突然出現空白，沒辦法繼續下去。

四、自創新詞：如狗衣（溜狗時穿的衣服）、走笑（邊走邊笑）。

各式各樣的妄想

精神分裂症患者另一個最大的特色就是會妄想，妄想內容零散、怪異沒什麼組織而且包羅萬象，例如：◆關係妄想：相信四周發生的事都跟自己有關；◆被迫害妄想：相信有人要陷害自己；◆被控制妄想：認為有外力控制自己的思想、行為而表現失常，如被外星人操控；◆誇大妄想：過度誇大、吹噓自己的能力；◆色情妄想：覺得自己很有魅力、性吸引力；◆罪惡感妄想：覺得所有的過錯都是自己造成的；◆身體妄想：覺得自己的身體有毛病；◆宗教妄想：覺得可以接收神的旨意，或覺得自己就是神。

妄想伴隨其他症狀

不過，精神分裂症的妄想跟妄想症的妄想不同，妄想症通常只有單一妄想，而且也沒有伴隨其他症狀，但精神分裂症卻同時有各種幻想，且伴隨其他症狀：◆幻覺：會聽到不存在的聲音或看見不存在的東西，通常聽見的內容都是在批評、嘲笑或命令自己。◆不適當的情感表達：該傷心時大笑、該高興時卻生氣或大哭，有時候也會出現情感平淡的現象。◆自我觀感失調：無法區分自己跟外界的關係。◆缺乏現實感：容易跟外界脫節，自閉、孤僻、退縮、躲藏於幻想世界中，對環境中發生的一切漠不關心。

精神分裂症的治療非常不容易，除了與醫院保持密切合作關係之外，還必須有家人的關懷以及社工的積極介入，動員整個社區醫療系統，才能對社區居民以及病友提供適當的保護與照顧。

精神分裂症判斷標準

標準A｜**症狀**

1.妄想。
2.幻覺。
3.解構的語言：如思考跳脫、難以理解。
4.混亂或緊張的行為：如當眾脫衣、擺出不合宜或古怪的姿勢、亂罵、亂打等。
5.負面症狀：目光接觸不良、肢體語言減少、話少、情感平板。

標準B｜**社會／職業功能障礙**

人際關係、工作能力或自我照顧功能明顯下滑，無法達到發病前的水準。

標準C｜**患病時間**

至少六個月以上。

標準D｜**病因**

不是因為情緒障礙、服用藥物或其他身體障礙所引起的。

憂鬱症、躁鬱症與躁症

「憂鬱症」是情緒性疾病的一種，得到這種心理疾病的人沒辦法穩定自己的情緒，不是極度興奮就是過度沮喪。按照每個人經歷的情緒狀態不同，將情緒性疾病又再區分成單純經歷躁狂情緒的「躁症」；單純經歷憂鬱情緒的「憂鬱症」；以及先經歷躁狂情緒再經歷憂鬱情緒的「躁鬱症」。

精神亢奮的躁狂期

躁狂時期的情緒非常高昂，極度開心，會自吹自擂，對完全不懂或沒經驗的事情大放厥辭，甚至認定自己可以做得到，如創作音樂、競選總統等等。患者的睡眠明顯減少，卻始終精力旺盛，他們有時候可以連續數小時不斷的說話，一直講到聲音沙啞了還停不下來。除了說話、動作誇張之外，他們的腦袋也很忙碌，一大堆不同的想法在腦子裡奔竄，所以他們講出來的話也常會隨著這些亂七八糟、快速呈現的思緒而顯得胡言亂語，而在亢奮的狀態下，注意力更是沒辦法集中，這樣的情況通常會持續至少兩週以上。

情緒抑鬱的憂鬱期

憂鬱時期的情緒非常低落、悲傷，對過去熱衷的活動或事件了無興趣，對人也沒什麼感覺，很容易為小事激動、憤怒，挫折容忍度很低，食慾不好，但卻會特別愛吃某些食物，如蛋糕、甜點，沒辦法克制。患者不是失眠就是嗜睡，通常會覺得精神不濟、非常疲倦，思考、判斷與專注力都很差，容易自我厭惡，覺得所有的錯誤或不幸的事情都是因為自己所引起，嚴重的時候會想藉由自殺來結束痛苦，跟躁狂情緒一樣，這樣的狀態至少會持續兩週以上。

專業治療康復成效好

上面所描述的情緒性疾患症狀都是比較嚴重的情形，許多人在發病初期通常只會出現某些症狀，因此很容易被忽略，再加上我們對於精神疾病的不瞭解與恐懼，所以常以為情緒異常的人應該為自己的情緒負責，並且誤以為這些情緒「一定會好起來」，因而忍受了許多不必要的痛苦，甚至越來越嚴重。其實情緒性疾患在專業精神醫療與心理治療的協助下，都能獲得很好的控制，甚至完全痊癒，所以一旦發現自己或親人出現類似的病症反應，應該立刻尋求協助，以儘快恢復健康。

情緒性疾病的症狀

◇躁狂期
喜歡講話,數個小時停
不下來

◆憂鬱期
沈默寡言、遲緩且常停
頓、聲音小

◇躁狂期
思緒亢奮、聯想快速豐
富、誇大妄想

◆憂鬱期
缺少內容與活力、悲觀
消極、相信自己罪該萬
死、想自殺

◇躁狂期
動作增加、誇張、到
處走、不停做事

◆憂鬱期
動作少、行動遲緩、
有時整天不動

◇躁狂期
食慾性慾高漲、熱
情、太興奮睡不著

◆憂鬱期
食慾性慾不振、便
秘、身體疲勞

講話　　思考

動作　　　　　身體

態度　　　　　行為

情緒

◇躁狂期
好奇心強、管閒事、大
膽、過度自信、慷慨、
果斷

◆憂鬱期
沒興趣和勇氣,優柔寡
斷、易後悔,對將來沒
信心

◇躁狂期
沒原因的興奮,有時暴
躁、發脾氣

◆憂鬱期
心情鬱悶、經常流淚

◇躁狂期
做出當時開心但之後後
悔的事,如拚命花錢、
性遊戲

◆憂鬱期
對任何事,連平常喜歡
的事都沒興趣

伴隨各種恐懼的焦慮性疾患

每個人都有過緊張、焦慮的時候，也可能對某些事物感到害怕，如還沒準備好考試的學生、害怕墜機而不敢坐飛機等，通常引起焦慮、恐懼的目標消除，人們的不安感也會消失，但如果目標並不直接存在眼前，卻還是會有嚴重的焦慮與恐懼，甚至影響到日常生活，那麼這樣的焦慮就是病態了。

七種過度焦慮症狀

焦慮性疾患的病人會對預期中可能發生的事情惶恐不安，而且焦慮的程度非常嚴重，讓生活出現嚴重困擾，這種以過度焦慮為主要症狀的病症又可分為七種不同類型：

◆**強迫症**：患者會不斷出現不想要、不愉快的重複想法或衝動，例如：愛人是不是有外遇、想殺人、門是不是鎖了等，而且沒有辦法停止這些念頭，因此產生嚴重的焦慮情緒，或者必須不斷重複某些行為以降低自己莫名的焦慮情緒。例如：不斷的洗手、不停的唸一串數字等等。罹患強迫症的人通常都知道自己的狀態不正常，卻無法阻止不斷重複的念頭與行為，因而非常痛苦，沒辦法正常生活。

◆**社交恐懼症**：非常害怕自己在公共場所會被品頭論足，擔心因為表現不好而被羞辱、丟臉、沒面子、很糗，過度焦慮使得患者完全不敢出入任何公共場所或社交場合。

◆**恐慌症**：在無預期且沒有任何徵兆的情形下，突然呼吸急促、心跳加快、極度不安，發作的時候會有種快要死掉或暈倒的感覺，每次發作大約十五分鐘左右會到極度恐慌的狀態，然後慢慢緩和下來。

◆**曠野恐懼症**：對自己沒辦法控制的環境感到害怕，比方說畏懼公共場所或人潮擁擠的地方，通常會因為過度害怕而沒辦法出門。

◆**恐懼症**：對某些特定的東西或情境感到害怕，例如怕蛇、怕高等。

◆**泛慮症**：持續六個月以上對生活中的每件事都感到非常緊張、焦慮。

◆**重大創傷後症候群**：在經歷如空難、九二一大地震、戰爭等危及性命的重大事件後，在心理所形成的創傷，患者會不斷回憶起當初的情形，沒辦法走出陰影，這樣的症狀至少持續一個月以上。

焦慮性疾患的種類

在精神科門診中，焦慮症是患者最多的疾病之一，患者因為常發生身體上的不適，所以經常看醫生檢查，卻始終找不出病因，如果這種情況持續了一兩個月以上，且影響到平常的注意力與工作表現，就要當心是否有焦慮症的問題，向精神科求診才能降低焦慮的情緒與反應。

對生活中的每件事都感到非常焦慮

無預期的急性嚴重焦慮，來得快去得快

經歷重大危及性命的災難事件後，走不出陰影，因而嚴重焦慮

因停不下來、令人不喜歡的念頭所引起的焦慮，或以不斷重複的動作來降低不明所以的焦慮

泛慮症

恐慌症

重大創傷後症候群

強迫症

恐懼症

社交恐懼症

曠野恐懼症

對某種特定的東西或情境感到焦慮，如怕高、怕蜘蛛

因為怕自己表現不好而被羞辱，因此對公共場所或與人交際感到焦慮

對於不能控制的環境感到焦慮，所以不敢到公共場所、空曠的地方或人潮擁擠的地方

轉化症與慮病症

有些人會將心理的衝突轉變為生理的毛病，身體出現不適反應，卻檢查不出原因，其實這是心理因素所導致的轉化症。另外一種情形是慮病症，即患者不斷抱怨自己有許多毛病，對疾病有莫名的害怕，實際上身體卻沒什麼大問題。

心理壓力形成病痛的轉化症

有時候人在面對過大壓力或者是無法逃避、解決的困境時，身體會出現一些找不出原因的異常情形，如突然癱瘓、不能走路、看不見、不能說話等，經過反覆精密的檢查後，會發現患者的身體其實沒有任何問題。但這些症狀也不是患者假裝的，他們都很真實的感受到身體的異狀，這種情形可能就是患者在心理上沒辦法承受過大的壓力，因而讓身體失去正常功能以逃避挫折與衝突，也就是所謂的轉化症。患者常會說自己身體某個部分局部麻痺、無法控制的發抖、看不清楚或聽不見，並且持續一段時間，因此影響生活，嚴重到必須就醫。

過於關心病情的慮病症

另外，患者也可能對自己的身體過於關心，把一些很輕微的身體症狀看成很嚴重的疾病，像是把輕微咳嗽當成肺結核、SARS 等，患者會不斷抱怨自己身體的不適，並且不斷看醫生，就算醫生跟他保證絕對沒有問題，他卻認為自己一定得了連醫生都查不出來的絕症，相信自己病得非常嚴重而且不可能恢復健康，這樣的症狀就是慮病症。

檢查不出的毛病
可能是壓力引起

在醫院裡，自從健保實施以後，有些民眾上醫院就像逛街一樣，不僅次數頻繁而且逛遍各個不同科別，這些逛醫院的病患除了極少數是難以檢查出的疑難雜症，很多病患可能都罹患了「慮病症」或「轉化症」，曾經有一個慮病症患者在一年內就用掉超過二十六張健保卡。根據國外流行病學調查，一般內科門診之中，有高達4.8％患者是「慮病症」的患者，其實他們的這些不治之症在精神科與心理治療的協助下，可能很快就痊癒了。如果你發現自己或親人也有一堆檢查不出的毛病，不妨分析看看生活中的壓力是不是太大了，然後趕快前往精神科求診，或請專業的心理治療人員提供適當的協助，這樣才能真正對症下藥喔！

轉化症的症狀

動作
四肢麻痺、肌肉抽搐、癲癇

神經系統
失去記憶、無法吞嚥、失聲、耳聾、看不見、昏倒、肌肉麻痺

痛
背痛、關節痛、手腳痛

腸胃系統
腹痛、噁心、嘔吐、拉肚子

心肺功能
呼吸急促、心跳急促、頭暈、胸悶、胸痛

女性生殖系統
月經痛、月經不規律、嚴重孕吐

心理 1 2 3　歇斯底里的由來

轉化症在古老的西方醫學中被認為是歇斯底里症的一種，歇斯底里（hysteria）源自古希臘文的「子宮」（hystera）。古希臘人迷信「歇斯底里」是未婚女性的子宮在體內遊走所導致，這個錯誤觀念直到十九世紀末才被導正，認為歇斯底里是個人無法因應重大壓力而引發的症狀，女性、男性都會發生。

反社會性格障礙與邊緣型人格障礙

> 每個人的人格會影響他所表現出來的行為,人格一旦扭曲就會無法以合宜的方式和態度面對環境,也不能表現出符合社會角色的行為與功能,因而做出許多違反社會常態或道德規範的行為,這樣的人就可能得到人格異常心理疾患。

人格異常分三大類

人格異常疾患可分為三大類:第一類是表現出古怪的行為或是異常反應;第二類是表現戲劇性、極度情緒化、行為反覆無常;第三類則是表現出迴避、依賴、焦慮或害怕的情緒。因此人格異常是有許多種類,反社會性格和邊緣型人格都是屬於第二類的性格障礙,不穩定的情緒及不穩定的人際關係是這種人格違常疾患的特色。因為表現具戲劇性,易成為大眾注意的焦點,也經常成為電影中的故事或主角。

反社會性格的犯罪特徵

反社會性格常成為判斷某些罪犯是否應該為其犯罪行為負責的判刑依據,所以相關的犯罪新聞常登上報章雜誌,但是犯罪行為與反社會人格並沒有必然關係,若是罹患反社會人格的人犯罪,那麼他應該有以下特徵:1.自幼年或少年期便有大量的行為障礙,那麼成年後的犯罪行為比較可能跟違常人格有關;反之,如果當事人成年以前行為大致正常,成年後的違法行為便不太可能是由人格障礙所引起。2.做出違法行為前,表現暴躁、冷酷、衝動、不會愧疚、自制力差、

人際關係惡劣。3.行為沒有計劃,靠衝動做事,不管後果,強烈的受本能慾望控制,對自己做出來的違常行為缺乏罪惡感。4.犯法行為有固定傾向,怎麼懲罰都不會改,不會學到教訓,甚至變本加厲。5.犯人說不出合理的犯罪動機,或者他說出來的動機很難理解,罹患反社會人格的罪犯通常會用很荒謬的理由來辯解。

人際關係不穩的邊緣型人格

邊緣型人格的自我非常脆弱,常常會莫名其妙的不安、衝動,沒辦法忍受焦慮、易怒、情緒非常不穩定,害怕被遺棄,有認同危機,可能會反覆自殺,會因為壓力而出現短暫的妄想。跟人交往不是大好就是大壞,不是將對方理想化、神格化,就是完全貶低對方,會把自己不好的部分投射到別人身上,然後企圖加以控制。之所以會有這樣強烈的攻擊性,一部分是天生的氣質使然,一部分則是因為小時候跟母親(照顧者)有不好的互動關係;為了保持跟媽媽的關係,將不好的互動關係所產生的憤怒、挫折或渴望被愛的情緒,全部壓抑在潛意識裡,成為人格與人際互動的障礙。

人格異常疾患

第一類 古怪	妄想型	對人不信任、認為別人居心不良、不忠，經常責怪別人、不承認自己的錯誤，敏感，容易把小事化大、攻擊性十足，情感冷漠、沒人情味、沒幽默感。
	類分裂型	不關心別人，也不在乎別人對自己的看法；遠離各種會觸動感情的情境、保持漠不關心的態度、沒有任何親密朋友。
	分裂型	表現奇特想法、言論和行為，但不算是精神分裂症，如：說他有特異功能。喜歡抽象的用語，很少跟人往來、沒辦法建立親密關係。
第二類 戲劇性	戲劇化型	情緒表現激烈、多愁善感，會為小事大發雷霆。讓別人覺得做作、不真誠。非常依賴，需要別人一再保證、支持，但又善於玩弄、威脅別人，並且喜歡挑逗、誘惑性愛對象。
	自戀型	自我中心、認為自己非常了不起，過度誇大自己的才能跟外貌。好表現引起別人注意卻不體諒別人，只能接受讚美卻不能接受批評或建議。
	反社會型	自私、不負責、衝動、無法忠於個人或團體，缺乏羞恥心跟罪惡感；不合群、妨礙群眾、總有理由為自己辯解，錯的永遠是別人。
	邊緣型	對自己認識不清，自我非常脆弱，沒辦法忍受焦慮，也沒辦法控制衝動，怕被遺棄，人際關係緊張。
第三類 焦慮害怕	迴避型	自卑、沒自信，到公共場所一定要有人陪。渴望友誼與親密關係，但因為怕被拒絕，所以總是迴避。
	依賴型	沒自信，也沒有自己的主張跟看法，凡事依賴他人，沒辦法獨自做決定。
	強迫型	墨守成規、律己甚嚴、責任心重，然而由於顧慮太多，沒辦法決定大事、因小失大。謹慎小心、一板一眼，人際關係因此非常緊張，而且缺乏幽默感，沒辦法享受人生。

多重人格障礙與解離性漫遊症

有時候，人如果遇到的心理挫折或壓力太大，精神狀態可能會發生各種解離的現象，個人可能會喪失部分的記憶、人格產生戲劇性的大變化、自我感喪失、精神恍惚，這些狀態的心理疾病統稱為解離性疾患，多重人格障礙與解離性漫遊症就是其中的兩個病症。

擁有不同人格的解離症

其實在日常生活中罹患解離性疾患的人非常少，但因為戲劇張力十足，所以常被電影、小說誇大描述，如：《三面夏娃》、《二十四個比利》等，所以這也是大家熟悉的心理病症。

多重人格障礙的主要特徵就是一個人會擁有兩個或兩個以上不同身份的人格，這些不同身份的人格會在不同的時間擁有主導地位，患者本身並不知道自己有多重人格，所以當其中一種人格出現的時候，他並不知道還有其他人格的存在。這些人格之間的轉換、停留可能只有短短數分鐘，也可能長達好幾年，人格轉換通常都是很突然的，會發生多重人格障礙大多跟社會壓力有關，當個人原本人格對社會壓力難以招架的時候，就有可能發生精神解離的現象，出現其他人格，這些人格都各有其獨特性，有自己的名字、身份、行為型態跟社會關係。

以新身份生活的解離症

解離性漫遊症患者會突然離開家或工作地點，完全想不起過去的事情，患者可能會長途旅行到另一個完全不熟悉的地方，用新的身分重新過生活，即使後來有機會恢復記憶，對於過去發生跟創傷有關的部分仍然沒有辦法回想起來。比如說，軍人記不起幾年前在戰場上親眼看見自己的弟兄被殺的事情；在車禍、地震或火災中目睹親人喪生的人，完全記不得跟當時災難有關的任何事。這些人常會有不明所以的憂鬱、悲傷、羞恥或罪惡情緒，有時候甚至會有自殺和攻擊的衝動。

解離性疾患有增加趨勢

雖然解離性疾患的個案在臨床上來說並不多，不過近年來卻有顯著增加的趨勢，可能是因為現代社會的創傷經驗比過去容易發生也比較頻繁的關係，如：地震、颱風、空難、火災、兒童虐待、性侵害、家庭暴力、暴力犯罪等天災人禍，似乎都比過去要來得多，為了降低這類疾病的發生，我們應該盡可能減少創傷事件，並且積極加強災後心靈重建的工作。

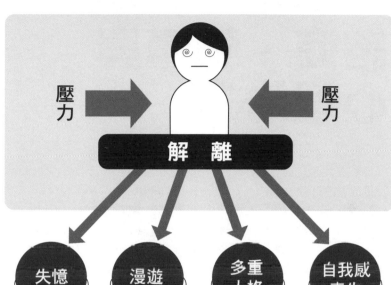

失憶

漫遊

多重人格

自我感喪失

重大創傷後記不得許多重要的個人資料，如姓名、年齡、家人……等，但這些回憶卻可以用催眠的方式喚起。

不知道自己是誰、住在哪裡、有哪些親人，患者突然出門遠行，不知道自己為什麼、怎麼來到這個地方，旅行過程與過去的事都不記得了。

有兩個以上獨立的人格，各有名字、個性，而且彼此不知道其他人格的存在。

持續感覺到自我的消失，感覺自己跟自己的疏離、分隔，覺得好像活在電影裡或者在夢中，覺得身體及行為都不是自己的，像靈魂出竅一樣。

Chapter 8
諮商、輔導與心理治療

　　在生活裡我們難免會經歷情緒波動、或者被一些煩心的事困住，面對這些情況時，每個人處理的方式各不同，有人找朋友聊聊、有人去運動或旅行、有人聽音樂看電影……，這些方法多少可以幫助個人抒發情緒或解決心理困擾，但對罹患心理疾病的人來說，這些方法可能不僅沒用還會造成反效果，比方說，你對罹患憂鬱症的朋友說：「你為什麼心情不好呢？說出來吧！你可以相信我的……」，這樣不僅不能讓他抒發情緒，反而會增加他的壓力，因為他真的不知道自己的心情低落的原因！那麼，這種時候該怎麼辦呢？雖然心理困擾不像感冒一樣容易治療，但只要找到適當的治療機構，專業心理治療還是可以協助我們恢復健康。

● 心病了該怎麼辦？

● 心理治療和心理輔導有何不同？

● 哪些人可以進行心理治療？

● 心理治療一定有效嗎？

● 藝術創作可以治癒心理疾病嗎？

諮商、輔導與心理治療有差別嗎？

> 早期心理異常被視為是被惡魔附身，必須以趨魔儀式解決；之後將焦點放在病患的照顧上，將他們銬上鐵鍊、關在家裡，避免走失或傷害別人。現在隨著精神醫療與心理學知識的發達，心理異常才開始被當成是可以治癒的疾病，諮商、心理治療與輔導就是為了達到這個目標而發展出來的專業協助。

協助解決心理困擾的名詞

諮商、治療與輔導是三個經常混用的名詞，在台灣的一般使用習慣上，多將「諮商」用在協助社會人士或大專院校學生處理心理困擾；「輔導」則是協助高中、國中與國小學生處理生活困擾、適應障礙與學習困難等，所以，我們可以在大專院校裡找到諮商中心，在國、高中和國小找到輔導室；醫療院所則較常使用「治療」這個名詞。不過，這都只是使用習慣的不同，實際上，諮商、輔導與心理治療都是指：治療人員或諮商人員以各種心理治療與諮商知識來協助病人或案主處理他們的心理或精神困擾，並改善病人或案主的生活功能。

心理治療的專業人員

在台灣可以從事心理治療的專業人員有臨床心理師、諮商心理師與精神科醫師，他們接受不同訓練，也以不同角度施行治療：

◆臨床心理師與諮商心理師：取得臨床或諮商心理學碩士學位，並實習至少一年，經由國家考試取得臨床、諮商心理師證照者。臨床心理師與諮商心理師都可以進行一般心理狀態與功能的心理衡鑑，並做有關精神官能症、或心理發展、認知、情緒、行為、社會適應等偏差與障礙的心理諮商與治療。此外臨床心理師還可進行精神病或腦部心智功能的心理衡鑑與治療。但是心理師都不可以施行手術、電療與藥品或其他醫療行為。

◆精神科醫師：取得醫學學士學位，經國家考試取得精神科醫師證照者，可進行各種心理衡鑑、治療，並可施行手術、電療與使用藥物。

所以，雖然諮商輔導與治療本身的意義沒有什麼不同，卻因為使用的人、應用的範圍以及關注焦點的不同，因此在實際使用上仍然有差異。當心理困擾發生時，我們可以依據不同的需求選擇最適合的治療方式。

心理諮商、輔導與治療

在臨床上有時候必須用專業的測驗或其它觀察分析方式對病人的認知、情緒、智能、人際、性格等心理狀態及功能進行精細評估，以深入瞭解病人的心理與精神狀態，這就是心理衡鑑。

心理治療

- ◆ 使用場所：醫院、心理治療中心
- ◆ 處理對象：精神疾病患者、重度心理困擾
- ◆ 治療師名稱：臨床心理師、精神科醫師、專業心理治療師

心理諮商

- ◆ 使用場所：大專院校、社區衛生諮商中心、民間諮商中心
- ◆ 處理對象：學生、民眾
- ◆ 治療師名稱：諮商心理師、諮商老師

心理輔導

- ◆ 使用場所：國民學校（國小、國中、高中）
- ◆ 處理對象：學生、家長、教師
- ◆ 治療師名稱：輔導老師

什麼時候需要求助？

大多數的人對自己的心理狀態都不夠敏感，覺得情緒不好不是什麼大問題，忍一下就過去；或者對心理異常存著錯誤觀念，覺得只要去找精神科醫師或心理師幫忙的都是瘋子，一輩子都不會好了。其實，心理異常可能是情緒問題，或者只是嚴重的適應障礙，大部分的症狀都可以在專業諮商與治療下恢復健康。

判斷心理異常徵兆

　　心理異常畢竟不像發高燒一樣容易被察覺，那麼，我們怎麼知道什麼時候應該求助呢？其實，心理異常都有一些可以觀察到的症狀，如果你發現自己或親友在日常生活中發生重大變化，因此影響情緒，並且持續一段時間，或被以下感覺所困擾，而且有越來越嚴重的趨勢，這時候的心理健康就可能已經亮起了紅燈：

- 持續不斷、沒有理由的心情低落、絕望。
- 常常處在生氣的狀態下，而且經常哭泣或反應過度。
- 覺得自己一無是處，而且充滿罪惡感。
- 沒有理由的處在恐懼的情緒裡，或者比別人容易害怕。
- 過度注意自己的外表或身體狀況。
- 比一般人容易擔心，常常發生焦慮。
- 無法從失去親友的悲傷情緒中平復。
- 覺得沒辦法控制自己的心思，或者被別的外力所控制。

向專業心理治療單位求助

　　除了這些常見的症狀以外，如果你所觀察的症狀符合第七篇介紹心理疾病中的任何一種，都應該立即尋求專業心理治療的協助。目前提供心理治療的單位非常多，包含學校裡的諮商輔導中心、醫院的精神科或心理衛生科、各地的社區心理衛生中心，以及許多民間機構，如：生命線、張老師、呂緒立文教基金會等，都可以提供專業的服務。心理治療除了能處理對生活造成嚴重影響的心理異常，也能協助一般的心理困擾，如：感情困擾、人際相處問題、適應困難等。所以只要我們能改變對心理異常的求助觀念，就能儘早得到適切幫助，減少心理困擾所帶來的傷害。

心理異常求助流程

出現和平常不同的異常行為、想法、感受或情緒
例如：情緒低落、沮喪

嘗試用自己的方法改變這些異常的情形
例如：找朋友聊天、聽音樂、運動、去旅行

異常情形不僅沒辦法改變而且已經持續一段時間
例如：連續兩個禮拜不管做什麼事心情都很沮喪

立刻前往心理治療機構，接受專業人員協助
例如：到諮商輔導中心找諮商師、心理師求助

心理生病了該怎麼醫？

心理病了，該怎麼醫呢？用香灰、聖水？還是把病人的頭砸破一個洞，看看腦袋是不是有問題？這些方法在過去心理治療還不發達時，的確曾經被用來治療心理異常患者，但隨著對心理疾病的瞭解，以及治療方法的進步，這些不當的方法早已走入歷史。

心理治療法成效因人而異

由於心理異常病症非常複雜，病人可能受到生理、家庭、成長歷程、社會環境等多重因素影響，這些個別因素內又還有更多更複雜的因素在相互影響，所以很難斷定到底是什麼原因使一個人的心理健康亮起了紅燈，因此心理治療師只能儘量找出對當事人最有效、最適當的治療方式，而沒辦法提供一種「對」的治療方法。

現在常見的心理治療方法，是許多治療師長期觀察與分析人的心理狀態與心理異常所發展出來的。因為不同的治療師對心理異常有不同的看法，所以發展出來的治療方式也會有差異；治療師會在治療過程中，根據治療的效果不斷修正這些方法，有些療效不好的方法就在這樣的過程中被淘汰，有的則成了當前心理治療的主要方法之一。不同治療方法所關注的焦點、技巧與目標各不相同，對患者都可能帶來療效，治療師跟當事人必須在治療過程中共同判斷，以選擇對患者當時情況最有幫助的治療方法。現在的心理治療師大多會熟悉幾種不同的治療方式，然後從自身的實務經驗中將不同的方法加以融合，發展出一套折衷的助人方法。

依據經驗不斷調整治療方法

治療師在治療之前都會跟患者或患者的親友共同決定主要的治療目標，然後以他的治療方式開始為患者進行治療。不過，就像我們一再強調的，心理病症非常不容易掌握，而且每個患者面對治療的反應也各不相同；所以，治療師很難保證自己使用的方法一定能奏效，他們只能盡力發揮治療方法的效力。通常治療師發現沒辦法達到治療目標時，便會變換治療方法，或推薦個案找擅長別種治療方法的治療師繼續治療。

在接下來的內容裡介紹的都是目前較常被使用的心理治療方法，如生理療法、精神分析療法、行為療法、團體療法、藝術治療等，對這些方法有一個概略性的瞭解，可以讓你在自己或親友需要心理治療時多盡一份心力，找到最適當、最有療效的治療方法。

心理治療方法

心理治療	治療目標
生理療法	調整生理功能，主要是患者的腦部功能
精神分析療法	改變當事人的性格與人格結構，解決自我的潛意識衝突
當事人中心療法	讓當事人變得比較自我導向，增加積極的自我關注
行為療法	改變可以被清楚界定且明確的行為
溝通分析療法	調整個人的自我狀態，並培養當事人適當的人際溝通方式
認知療法	排除偏見，以帶來正面的情感、行動與思考
團體療法	在團體中瞭解自我，改變自我以及自己跟團體的關係
創造性藝術治療	調整、接觸非文字能形容的情感、情緒與需求

以藥物控制為主的生理療法

在臨床上我們可以發現部分心理異常症狀跟患者的生理狀態有關，尤其是腦部病變，例如：精神分裂症、憂鬱症、躁症、躁鬱症等，對這類疾病而言，雖然其他非藥物治療的心理治療方式也能發揮治療效果，不過以藥物控制其症狀還是最重要且有效的治療方式，服用藥物可以穩定患者的情緒並且減輕症狀。

生理療法使用藥物

一般常用的藥物有五大類，各有不同功能：一、抗憂鬱劑：改善患者憂鬱症狀，大部分病患在服藥一週左右，情緒就會開始逐漸提升，過去的抗憂鬱藥物副作用比較多，患者常常因為受不了副作用，而等不到藥物發揮效用就放棄了，不過新的抗憂鬱劑如：百憂解（Prozac）、樂復得（Zoloft）、速悅（Efexor）等，不僅副作用較少，抗憂鬱效果也比較強。二、情緒穩定劑：能有效控制病患激動急躁的情緒，或沒辦法控制的衝動行為，主要用來治療、預防急性躁症和躁鬱症，也可用在提高抗憂鬱劑的藥效。常見藥有鋰鹽（Lithium）、癲通（Tegretal）、帝拔癲（Depakene）。三、抗精神病劑：可減輕或解除如幻覺、妄念等精神症狀，而且可以緩和情緒，以穩定病情，預防疾病惡化。常用藥有：好度（Haldol）、金菩薩（Zyprexa）、溫特命（Wintermin）、舒必來（Sulpiride）、理思必妥（Risperdol）、福祿安錠（Fluanxol）。四、抗焦慮劑：降低患者緊張、焦慮、不安等症狀，以穩定情緒。常用藥有：安祈平（Ative）、立舒定（Lexotan）、贊安諾（Xanax）。五、鎮定安眠劑：用來讓無法入睡，或睡不安穩的患者入睡。常用藥有：可納氮平（Rivotril）、煩寧（Valium）、史蒂諾斯（Stinox）、酣樂欣（Halcion）。

調整生理以恢復心理健康

生理療法主要目的在避免生理失調所引起的心理異常，其治療的假設是只要恢復病人的生理功能，其心理功能就能恢復正常。為達到這個目標，除了使用藥物之外，治療者還可以利用電擊，在睡眠狀態中將電流通過患者腦部，引發腦部整合性放電，以調整患者的大腦功能，控制或治療因大腦功能失調引起的重度精神或神經疾病，此外也可以用外科手術來調整腦部功能。不過，因為心理疾病發生原因複雜，且不容易根治，生理療法通常只能對症狀有效的控制，沒辦法保證根治或將來不再復發，所以，只要患者的精神狀態許可，治療者通常會建議患者也進行其他心理治療。

生理療法

電擊

電擊睡眠中的病患，
調整大腦功能

外科手術

用手術調整大腦功能

藥物治療

· 抗憂鬱劑
· 情緒穩定劑
· 抗精神病劑
· 抗焦慮劑

研究潛意識的精神分析療法

> 精神分析療法是大家最耳熟能詳的心理治療方式，發明的始祖就是倡導解析夢境與潛意識的佛洛伊德。精神分析療法相信心理異常症狀發生的原因跟個人潛意識有關，當我們在生活中遇到一些非常痛苦或沒辦法面對的情況時，就會把這些感覺、情緒、想法、事件壓抑到潛意識裡面去，這是人保護自己的方式。

相信心理異常與潛意識有關

潛意識裡藏了許多不被社會道德規範所接受，或者會讓自己痛苦不堪的記憶，可能包括過去的創傷經驗、不被現實接受的欲望以及矛盾衝突的情感等，這些記憶被深深的埋藏在潛意識裡。雖然，我們平常感覺不到潛意識，潛意識卻可以影響我們的感覺與行動，心理異常症狀的發生就是潛意識的衝突太大所導致。精神分析療法的目標就是要化解患者潛意識裡的衝突與被壓抑的負面情緒，認為只要能夠讓個人理解他曾經受過的創傷，以及那些被他壓抑的慾望與情感，那麼個人就可以擺脫潛意識的影響。為了達到這個目標，治療師可以利用「自由聯想」與「夢的解析」等方式來接觸患者的潛意識，並進一步化解潛意識衝突。

透過自由聯想找出內在衝突

自由聯想法是請患者躺在躺椅上，沒有任何顧忌、自由的將想到的事情說出來。自由聯想的內容沒有限制，可能是身體的感覺、情感、幻想、最近發生的事、以前的記憶、一個念頭……什麼都可以，藉由這樣自由自在的表達，潛意識的內容可能有機會顯現，治療者必須對這些內容加以分析，並且反應給患者知道，因為這些顯現的內容與分析，可能就是造成患者發生心理異常症狀的內在衝突。

利用夢的解析探索潛意識

除了自由聯想，潛意識也有可能在夢裡顯現，不過會被壓抑到潛意識裡的感覺、思想、慾望或記憶都是自我非常不能接受的內容，所以，就算是在夢裡出現，也只能用象徵的方式表達。治療者必須鼓勵患者對夢境的各個層面做自由聯想，並且回想被夢境所激發的情緒，然後加以分析，協助患者瞭解他的潛意識可能的意義，以化解潛意識衝突。

精神分析療法可以應用的技術還很多，不過基本上都是藉由治療者的分析，使患者瞭解他原本不瞭解的內心衝突，當患者瞭解之後，便有可能進一步化解衝突，以消除心理異常症狀。

精神分析療法

人為保護自己，將會引起焦慮的慾望、衝動、經驗、記憶壓抑至潛意識之中，使意識無法察覺。

痛苦的經驗　違反道德的慾望　矛盾的情感

壓抑

潛意識

精神分析治療師引導患者自由聯想，或是說出夢的內容。

從自由聯想及回憶夢的過程，來解決被壓抑的潛意識所引發的心理症狀。

症狀的原因

浮現

潛意識

相信自我解決的當事人中心療法

當事人中心療法是由心理學家卡爾羅傑斯發展出來的治療方式，當事人是指有心理困擾而前來協談的患者。卡爾羅傑斯相信人有自己解決困難的潛能，只要能提供一個尊重與信任的環境，當事人就可以發揮潛能，往積極與建設性的方向發展。

提供和諧氣氛發揮成長潛能

當事人中心療法的最主要的精神就是，以來協談者或患者為中心，協助發展出一種可以讓協談者提高對自己積極關注的氣氛。因此治療師應該協助患者發展潛能，達到自我成長的目標，而不是批評、指導患者，所以也稱為非指導式治療。

當患者因為焦慮、失調而來尋求協助時，治療者應該要製造一種和諧、溫暖的氣氛，無條件的關懷他，理解他的想法、觀念和情感，並且將這樣的同理心理解傳達給患者，讓他覺得自己被完全的接納、支持，可以無拘束的抒發，不再擔心怎麼符合別人的期待，或如何取悅別人。當患者變得比較真誠而且能接納自我的時候，就會發展出解決困難的潛能，而不需要治療者告訴他應該怎麼做。

當事人中心療法的條件

在治療過程中，治療者應該設法跟當事人一起達到以下六個條件：一、雙方心理接觸：治療者與當事人存在一種互動關係，使兩人能接觸彼此心理。二、失去協調：當事人對他自己的知覺和實際經驗不協調，並因此感到焦慮、恐懼，或體驗到其他煩惱的脆弱心理狀態，因而想要求助於他人。三、表達真誠：治療者必須不做假的表達他對當事人的感受、同理與支持，絕對不可以欺騙或敷衍對方。四、無條件的積極關注與接納：不帶任何條件的接納當事人，以他現在的樣子去理解他，但卻不是完全同意他，而是接受他現在的狀態。五、具有同理心：不受個人觀點跟價值觀的影響，進入另一個人的世界中，理解他的經驗，體會他的感受。六、對同理心的接納與感知：當治療師傳達同理心與接納及支持時，當事人也必須能感知到他正在被理解、被接納。

如果能夠達成這些條件，當事人就可以表達內心的恐懼、焦慮、罪惡感、愧疚、羞愧，或其他內心無法接受的情感，並且學會為自己的困難負起責任，在自我探索的歷程中以新的方式體驗自己，進而產生比較深刻的理解，而比較能接納自己跟別人，減少心理困難。

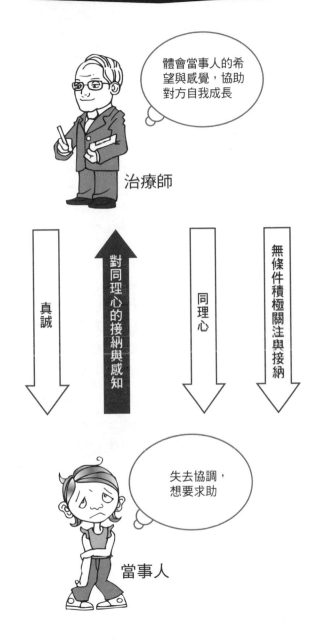

透過學習來改善的行為療法

行為療法認為，一個人會產生令人困擾的心理或行為，是因為他過去學習了一些不好的習慣所導致，既然這些習慣是學來的，那麼就可以再用學習的方式加以消除、改變，然後讓他學會良好的行為與習慣。

以增強方式矯正不良行為

行為療法的方式有很多種，像是利用增強的方式來塑造行為，以健康的行為習慣來取代不健康的，藉此達到治療效果。常用的行為療法有：◆**獎勵增強與懲罰消除**：以增強的方式來強化想要的行為，如：金錢、玩具、獎品等物質性的增強，或口頭獎勵、公開表揚等精神性的增強，懲罰則可以消除不要的行為，如：體罰、電擊等肉體懲罰；或羞辱、責備等精神懲罰。◆**嫌惡治療**：使用個人厭惡的刺激來阻止不當行為的繼續發生，也是懲罰消除法的一種。通常用在酗酒、藥物濫用、口吃、抽煙、偷竊、過度飲食等治療上，當個人要進行這些行為時，同時給他一個厭惡的刺激，比方說，給他抽菸，但菸裡有刺鼻的臭味；讓他喝酒，但酒裡加入怪味等。◆**示範**：經由別人的示範讓當事人學到新的行為，以改變過去不當的行為與反應。

克服恐懼的洪水法及敏感遞減法

除了用增強的方法來矯正，若病患是因恐懼而產生焦慮，通常會用以下方法治療：◆**洪水法**：直接讓患者進入他恐懼情境的想像之中，直到他學習到這些恐懼對他不會造成傷害，然後不再恐懼為止。例如：害怕蜘蛛在手裡毛茸茸、爬行的感覺，就用玩具或強迫他想像來直接感受，直到他不再害怕為止。◆**敏感遞減法**：教導個人減少、控制特定刺激所導致的恐懼跟害怕，比方說，對蜘蛛、蛇有高度的恐懼，讓患者先評定他的恐懼程度，然後分級，之後有系統的降低他的敏感程度。例如：把蜘蛛放在手上、看到蜘蛛在眼前爬、在電影裡看到蜘蛛，而這些恐懼的強度分別是一百分、九十分、八十分；治療者必須利用一些方法，協助患者從較低強度的恐懼開始逐步解除，先對電影裡的蜘蛛不感到害怕，然後慢慢的可以看到箱子裡的蜘蛛，到可以把蜘蛛抓起來，讓他學到其實這些恐懼並不會對他造成任何實際的傷害。◆**鬆弛訓練**：教導個人控制身體與精神狀態，讓他在感覺到緊張、害怕的時候，可以藉著控制自己的身體與精神，然後慢慢的放鬆。

行為療法

透過學習，人可以消除不好的心理狀態和行為，並建立起好的。

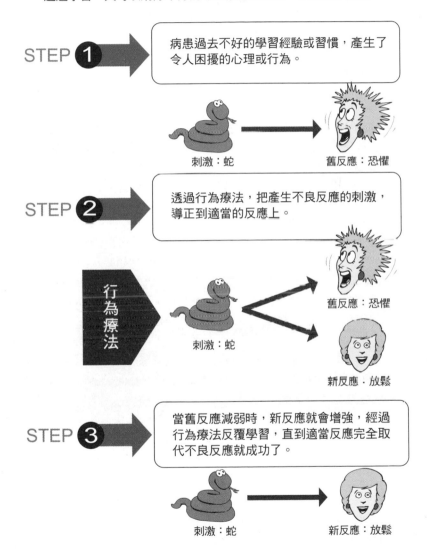

STEP 1 　病患過去不好的學習經驗或習慣，產生了令人困擾的心理或行為。

刺激：蛇 　　舊反應：恐懼

STEP 2 　透過行為療法，把產生不良反應的刺激，導正到適當的反應上。

行為療法

刺激：蛇

舊反應：恐懼

新反應：放鬆

STEP 3 　當舊反應減弱時，新反應就會增強，經過行為療法反覆學習，直到適當反應完全取代不良反應就成功了。

刺激：蛇 　　新反應：放鬆

溝通分析療法與團體療法

溝通分析療法是藉由分析個人和別人溝通的狀態，來教導當事人發現問題並改變自我。而團體療法則是運用團體形成的社會情境、團體間的動力，來協助當事人瞭解自我、改善人際關係、促進自我成長。

瞭解自我的溝通分析療法

溝通分析療法是由愛瑞克柏尼所創立的，認為一個人的內在有不同的自我狀態，當我們與別人互動時，經常會表現出不同的自我，因此，治療師的責任就是分析當事人和別人、以及當事人跟自己的溝通型態，以教導他發現問題，改變自我，進而改變原有的溝通方式，以解決困難。

個人的自我狀態包含父母、成人與小孩的三個層面，就是指一個人的人格裡有像父母、像大人還有像小孩的三個層面，當我們跟別人往來的時候，會以不同層面的自我與別人互動：一、父母（Parent，簡寫 P）：性格中「必須」、「應該」的部分，父母角色的狀態可能是權威的、指導的。二、成人（Adult，簡寫 A）：性格中「客觀」的部分，成熟、理性、講道理的。三、小孩（Children，簡寫 C）：性格中像孩子的部分，衝動幼稚、聰明有創造力的、或是聽話的。

分析個人自我內在的 PAC 狀態可以幫助當事人瞭解自我並且建立統整、和諧的人格；分析個人與他人互動時的 PAC 關係，可以讓當事人不僅瞭解自己也瞭解別人和情境，就能察覺問題，進一步培養出在社會中適應生活的能力。

運用互動歷程的團體療法

大多數的治療方式是經由治療師對當事人直接操作的，不過有時為了達到治療效果，治療也會以團體的方式來進行，常見的團體治療有下列三種：一、會心團體：有相似經驗、背景，並關心類似問題的人聚集為一個團體，透過互相支持共同克服目前缺陷，如：酗酒團體、愛滋病團體、家暴團體等。二、家族團體：以家族為治療對象，並以家庭結構與分析為治療的基礎，協助家庭從不同角度與方法看待家庭問題，找出問題，並協助問題的解決。三、婚姻關係：婚姻伴侶一起接受治療，治療的主要目的在澄清並改進夫妻間互動關係，調節伴侶雙方成長背景的差異、婚姻制度的困擾、個性不合、溝通不當、各自家庭的干預、子女的管教、婚外情等問題，增進伴侶間的溝通關係，讓他們願意共同經營、改善婚姻，常用技巧有溝通訓練、角色扮演等。

溝通分析療法、團體療法

自我狀態
包含以下性格

父母角色
權威、指導的

成人角色
成熟、理性的

小孩角色
幼稚、衝動的

溝通分析療法
藉由分析個人和別人溝通的自我狀態,來教導患者發現問題並改變自我

團體療法

會心團體
有共同病情的團體

家族團體
以家庭成員為治療對象

婚姻關係
夫妻雙方共同接受治療

改變思考架構的認知療法

> 由心理學家貝克所創,認為一個人的心情和行動是受到自己的看法與想法所決定的,心理困擾的產生是因為當事人對事、對人跟對自己有不適當的想法;悲觀想法讓一個人產生悲傷情緒和消極行動,樂觀想法則會讓人產生積極行動。

八種非理性思考模式

人其實同時具有理性的思考和非理性的思考,思考認知的過程就會影響個人的行為與情緒。認知療法的目標就是要提高個人的理性思考,改變他對事件的錯誤思考方式,因此治療師必須教導當事人以正向或正確的思考方式,去取代負向、錯誤的思考方式,進而改變他的行為跟情緒。貝克曾經提出八種最典型的非理性思考模式:

◆**二分法的思考**:不是黑的就是白的、不是好的就是壞的,非常絕對的分類方式,沒有中間地帶。比方說,除非你娶我,否則你就是玩弄我的感情。

◆**選擇性摘錄**:斷章取義的選取整個事件或觀點中的部分,以支持他們負面、消極的思考。例如:一位優秀的籃球國手只注意到自己某一次罰球失誤,就認定自己是讓國家輸球的唯一關鍵。

◆**獨斷的推論**:沒有證據或事實可以支持他推論出來的結果。比方說,一個過去一直表現很好的鋼琴演奏家,在認真的準備了六個月後,卻推論自己一定會演出失常。

◆**災難化**:過度擴大所擔心的事情,使自己非常害怕面對現況。比方說,原本要跟總經理做產品簡報,卻認為自己一定會因為說錯話而被降級、減薪,然後開除,讓這個自我推薦的大好機會,因為太害怕而弄砸了。

◆**過度類化**:把一兩件不好的事情當成通則,以偏蓋全。 例如:學生只有一次英文小考考不好,就認為自己一定沒辦法把英文學好,不如早早放棄算了。

◆**錯誤的貼標籤**:根據某些錯誤或過失而將自己貼標籤成一個不好的人。比方說,把偶然發生的的愚蠢表現,貼上「自己不受歡迎,是一個失敗者」的標籤,而不是「我跟她聊天的時候說了不該說的話」。

◆**擴大或貶低**:誇大缺點、貶低優點,結果讓自己更自卑、消沈。

◆**個人化**:把無關的事情解釋成跟自己有關。比方說,下雨是大自然的現象,個人不可能引發下雨的現象,卻有人覺得:「我每次出去玩就會下雨,我一定帶衰」。

認知療法

個人化
將無關的事與
自身牽連

錯誤標籤
替自己貼不好
的標籤

獨斷推論
無證據的非理性
結論

二分法思考
非黑即白

選擇性摘錄
斷章取義

擴大或貶低
擴大缺點、
貶低優點

災難化
對可能的失誤
過度害怕

過度類化
以偏概全

這些錯誤、扭曲的思考模式經常會造成個人的情緒困擾與行動困難，治療師必須在治療過程中檢查當事人是不是有這些或其他的錯誤思考方式，讓當事人瞭解，並且教育他正確的、正向的思考方式，這樣就可以改變他的心理狀態與行動方式。

創造性藝術治療法

創造性藝術表達跟藝術欣賞是不一樣的，有時候，治療師會讓當事人進行藝術欣賞，例如播放音樂或欣賞畫作，以安撫當事人的情緒，或是引導當事人說出內心想法；但創造性藝術治療是讓當事人直接以藝術性的創作來表達，如：自己畫畫、演戲、跳舞等，以調整其心理狀態。

透過藝術調整人的心理狀態

創造性的藝術表達可以帶來治療變化，個人在從事繪畫、舞蹈、戲劇、音樂等藝術性表達時，可以深刻的接觸到自己的心理狀態並加以調整。創造性藝術治療的主要目標是希望當事人可以藉由藝術創作應付其情緒衝突，變得比較能夠覺察自己的情感，並能進一步處理內在、外在的困擾。

藝術治療讓病人有機會描寫、表達出言語無法陳述的想法、感覺，例如：自己跟父母之間的隔閡，而且讓病人可以不用擔心自己是不是會說錯話或說得不好。病患可以自由的透過非語言的方式，對外表現其內在思考與感受，同時也能提高自己感受內在情感的能力。創造性藝術表達還可以讓病人將想像中的過去或未來，生動的拉到眼前來，讓他們有機會在安全舒適的環境下，探討過去所經驗的不愉快事件，以及對未來的想像與擔憂。這種藝術表達比語言直接而沒有限制，可以克服用「講話」進行心理治療時所可能遭遇的困難。

以藝術活動表達心情

以下是幾種常見的創造性藝術治療：◆繪畫治療：藉由繪畫，當事人可以自由的表達出他們的心像與情緒，而且不受到語言的限制，並在繪畫的過程，學會察覺自己的情緒，進而可以處理情緒衝突，例如：在繪畫中表達出對家、對父母的恐懼。◆舞蹈治療：透過舞蹈動作表達自己，個人可以從中瞭解自己的情感與記憶，學會跟自己的身體、心理進行溝通，也可以表達或接收過去被封閉的情感，例如：在舞蹈中表達出長期壓抑的憤怒、想要與人親近的渴望。◆戲劇治療：以戲劇的方式直接體驗某些心理狀態，讓當事人得到解脫、安慰或喜樂，比方說，讓團體的成員扮演某個成員的父親，然後演出過去父女吵架、溝通的戲碼，彌補當事人的遺憾。◆音樂治療：利用音樂激發當事人某些情感，例如：以溫暖、平靜的音樂讓當事人覺得有安全感、被支持，或是用節奏強烈的音樂來激發人的動能。創造性藝術治療可以用在各種心理困擾的處理上，通常，治療師會將創造性藝術治療和其他的心理治療加以結合，以加強治療效果的展現。

創造性藝術療法

繪畫治療

舞蹈治療

戲劇治療

音樂治療

表達內心的想法、情緒、感覺，
以獲得抒發並改善心理狀態

Chapter 9

企業組織中的
心理學

　　日常生活中，常聽到有人在談論工作，例如：抱怨工作太多而感到煩躁、工作太少而覺得無聊；上司自大囉唆、部屬愚蠢懶惰、制度朝令夕改、調薪年年無望……等。其實人在組織中工作必須面對跟生活很不一樣的環境、要求、期待與約束，也因此會產生許多特有的心理狀態，「工業與組織心理學」就是一門專門研究組織中人們的行為與心理的應用心理學，以提高工作者的工作效能，進而達成組織目標。

- 在企業組織中心理學可以派上用場嗎？
- 組織運作有什麼特色？
- 我們跟同事相處的方式會與朋友不同嗎？
- 同部門的人會有相同的行為嗎？
- 為什麼有人認為公司的人際關係很複雜？
- 如何維繫好的人際關係？
- 什麼情況下會產生工作壓力？

什麼是工業與組織心理學？

> 將心理學應用到工業與組織內，處理人的心理、行為與現象就是工業與組織心理學，涵蓋的範圍包含評核甄選、考核、升遷等人事問題；組織領導、架構、工作士氣等組織行為；以及工業設計與工作環境等相關議題，目的在於透過對工作環境中人們心理的瞭解，進一步提昇工作效能，促進工作滿意度。

幫助組織及個人達成目標

到企業組織上班是多數現代人的謀生方式，在企業裡，不論是老闆或職員，都有各自的目標要達成。對老闆來說，企業效能與營運利潤是他們最重視的目標，而員工則比較重視薪資福利與工作意義。組織存在的目的就是為了達成這些目標，但在達成目標的過程中，許多不同的心理狀態與組織行為將影響每個目標達成的效能，工業與組織心理學就是為了儘量減少造成阻礙的因素，使個人與組織都能以最高效能來達成目標。

關心哪些議題？

一般來說，心理學在組織中的應用，由於關注焦點的不同，又可以再分為幾個領域：

一、人事心理學：關心特定的工作需要具備哪種工作能力的人才能勝任，利用各種心理行為評量技術來評鑑員工的工作績效、找出具潛力的員工，由評量結果來規畫教育訓練課程等，目的在提升組織的人力素質。

二、組織心理學：關注人在組織中工作的行為與心理狀態，重視個人在團體中所承受的壓力、組織的溝通型態、與角色定位有關的行為、組織文化的形成與影響、工作價值觀、工作滿意度、領導方式等。

三、工程心理學：關心人在工作中跟所使用工具之間的關係，以設計出最適合人操作的機械，避免設計出超過人的反應時間、協調性、感覺敏銳性的不當工具。

四、職業與生涯諮商：應用諮商方法來解決員工在工作上所遭遇的問題，協助員工發展較適合的職業生涯。

五、組織發展：診斷組織發展的問題，提出改善的策略並協助執行，以提升組織效能，改變的範圍由人事制度、設備、工作流程到組織文化都有可能。

六、組織關係：大部分在處理勞方與資方的衝突、爭議，也可能協助處理部門間的談判協調。

組織心理學

「組織心理學」所探討的內容與「員工」最為息息相關，最常被探討的主題又可以再概分為：個人心理系統、組織系統、組織行為、個人心理管理、人際關係管理、團體行為管理等六大類別。

應用範例
應用於人事評鑑，找到適合的職員，考核工作績效並激勵員工表現

應用範例
規劃個人職涯發展，提高工作表現

關心的議題

個人心理
探討個人的智力、態度、價值觀、情緒、動機等個人因素與工作的關係

個人心理管理
管理個人的壓力、動機、工作士氣與創造力

組織系統與組織行為
個人在組織文化、角色分工、團體領導與決策模式中所產生的人際關係與團體行為

人際關係管理
建立關係、化解衝突、創造良好的溝通合作模式

團體行為管理
建立組織規範、團體領導與組織文化以管理組織中各種團體的行為

應用範例
診斷組織弱點，並可作為組織結構、角色分工調整的參考依據

應用範例
調和工作間的人際問題，提升部門組織的整體效能

應用範例
以適合團體成員的領導風格提高職員工作滿意度、創造工作士氣

組織有哪些獨特性質？

「組織」最大的特色就是分工、階層與共同目標，與生活中交流感情的團體，如家庭、朋友圈很不一樣，當兩個或兩個以上的人透過分工與階層的方式，協調一連串團體活動以達成共同目標，這就是組織的運作。常見的正式組織有企業、醫院、政府機構等，一般而言，組織都會包含以下幾點特質：

一、階層垂直分化

當組織規模越來越大，就會分化出越來越多的階層，如總經理、經理、副總、主任、組員等。單純且重複的工作，直接管理的主管就會比較多，如生產部門；相對的，複雜、獨立性高的工作，管理的人就會比較少，如：決策部門。

二、最佳控制幅度

就是主管直接管理的人數，與階層的垂直分化有直接的關係，如果第一線主管人數超過最高主管所能管理的範圍，那就會在最高主管與第一線主管間再安插一層主管，這樣一來最高主管的控制幅度就會降低，管理品質也會提升；不過增加主管人數就會增加人事經費，所以如何在不影響管理品質，又能擴大主管的控制幅度就成了組織經營的重要議題。

三、集權或授權管理

當組織裡的權力階層數變多時，擁有最高權力的主管就無法監督所有的部屬，而必須授權給底下的主管。在極度集權的組織裡，低階主管只能按規則及一定的程序來處理問題，任何例外都必須跟上級請示。如果不採取集權管理，低階主管在符合原則與大方向的情況下就可以自由行動，只要回報結果與作法即可。

四、標準化作業流程

指組織發展出標準化的規則與作業程序，作業方式採形式化、書面化溝通，例如連鎖店的產品製作都有一套標準的作業流程，在標準化的生產方式下，產品可以維持一定的水準，標準化的最大缺點就是缺乏彈性與應變力。

五、部門分工

組織必須依照職務、工作內容與範圍來區分員工，劃分部門的方式會影響部門間的溝通協調，以及員工的態度與工作目標，部門的劃分方式可以按照功能（財務部、產品開發部、行銷部）、產品或服務（影音產品部、通訊產品部）、顧客類型（團體銷售部、零售部）與地理位置（北區分部、南區分部）來劃分。

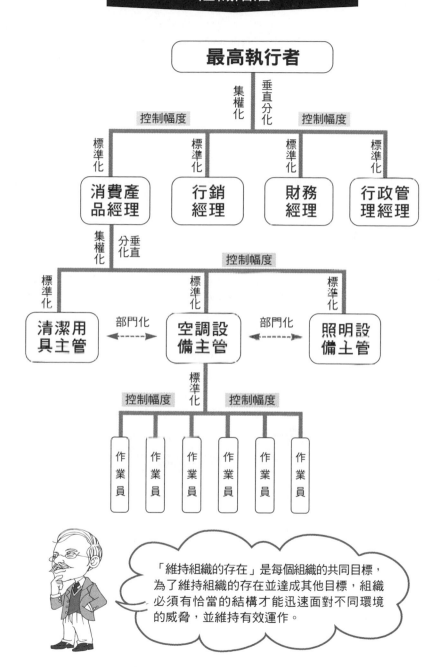

組織階層

最高執行者

集權化　垂直分化

控制幅度　　　　　　　　　控制幅度

標準化　　標準化　　　標準化　　標準化

消費產品經理　　**行銷經理**　　**財務經理**　　**行政管理經理**

集權化　垂直分化

控制幅度

標準化　　標準化　　標準化

清潔用具主管　◄------► **空調設備主管** ◄------► **照明設備主管**

部門化　　　　　　部門化

標準化

控制幅度　　　　控制幅度

標準化

作業員　**作業員**　**作業員**　**作業員**　**作業員**　**作業員**

「維持組織的存在」是每個組織的共同目標，為了維持組織的存在並達成其他目標，組織必須有恰當的結構才能迅速面對不同環境的威脅，並維持有效運作。

人在組織中表現哪些行為？

個人在組織中的行為包括個體行為與團體行為，個體行為指人與人之間的互動關係與行為模式，也就是人際關係；而團體行為則是個人在某個團體中，因為受到團體影響而表現出的行為。

四種常見人際關係

依照不同的互動方式，組織中最常見有四種人際關係：一、獨立關係：獨善其身，自掃門前雪，像技術人員比較容易成為獨立個體，跟其他同事沒有什麼互動。二、依賴關係：禍福共享，彼此相互合作，許多專案性質的的跨部門工作者，彼此就會形成依賴關係。三、競爭關係：關係雙方彼此競爭，通常同等職務的工作者很容易因為要爭取升遷或業績，而形成競爭關係。四、衝突關係：有衝突關係的雙方會對彼此採取攻擊態度，比方說上司在與下屬產生嚴重衝突後，會以降級、減薪的方式來攻擊對方。

不斷變化及並存的人際關係

在實際的組織環境中，人與人之間往往同時存在著幾種關係，譬如說在同一個團隊中，為了爭取團體績效，個人必須與其他成員密切合作而形成依賴關係；然而，追求團體績效的實際意義可能只是為了創造更大的個人利益；因此與其他成員還會形成競爭關係等。這些關係也可能不斷改變，最常見的例子在個人調整職位後，例如：原本跟其他人一起抱怨主管的組員升遷了，彼此的關係便會產生變化。

什麼是團體行為？

團體行為是指個人在團體中受到組織規範與工作角色的影響，所表現出的行為，因此，團體行為對組織運作與效能的影響遠大於個人行為。組織規範是組織中成員表現行為的共同標準，一旦違反就會被組織排擠，規範一旦改變，大家的行為也會立刻跟著改變，比方說，要不要打卡這條規定就會影響很多人的工作態度。此外，個人的團體行為也會因為他的工作角色而有所不同，工作角色指一個人被組織認可的身份地位與工作任務，個人必須表現出該角色應有的行為，才能符合別人對他的期待。每個工作者在共同的組織規範下，照自己的工作角色來表現行為，所有人的行為組態就是整個組織的行為，決定組織的文化與發展。

不過，曾經在組織裡面工作過的人都知道，組織的表現不可能只受到組織規範與工作角色的影響，其他如：人的因素、時間壓力、工作環境等都會有所影響。如何有效的運用這些影響因素，使個人與組織發揮最大效能並不是一件容易的事，這也就是組織心理學家所努力的目標。

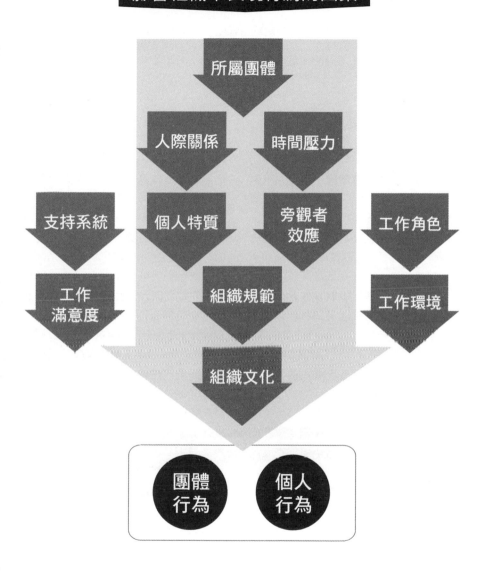

影響組織中表現行為的因素

所屬團體

人際關係　　　時間壓力

支持系統　　個人特質　　旁觀者
　　　　　　　　　　　　效應　　工作角色

工作
滿意度　　　　組織規範　　　　工作環境

組織文化

團體
行為　　　個人
　　　　　行為

如何管理工作中的人際關係？

在組織中工作，不論一個人的職務是什麼，都會面臨人際關係的問題，有的是為了換取實質利益，比方說，跟上司維持好關係是為了爭取加薪升遷；此外，維持某些人際關係也可能是為了滿足心理需求，比方說，跟同事一起發牢騷抱怨主管，或是相互支持、鼓勵。

組織中錯綜複雜的團體關係

組織中存在著各種不同的人際關係，分別組成不同類型的團體，常見的團體有：◆**隸屬團體**：指個人所歸屬的單位，比方說某部門。◆**工作團體**：為了達成共同目標而一起合作，或共同工作的團體，同一個隸屬團體有時候會分成幾個工作團體，例如：企劃部分成三個工作團隊，各自執行不同的企劃專案。◆**利益團體**：指團體中的人彼此有利益關係，例如：業務部門年終獎金除了計算個人業績外，還會計算全部門的整體業績，那麼業務部門就是一個利益團體。◆**友誼團體**：指團體中的人彼此以朋友的方式相互對待，不在乎對方跟自己是不是隸屬同一個團隊或工作團體，或者彼此有沒有利益關係，而是建立在友誼的基礎上。

不過個人在組織中很難和別人只維持單純的關係，甲和乙可能既是朋友但工作上又有利益關係，而且組織裡的人際關係可能變化非常快速，原本很討厭的同事一夕間變成頂頭上司。如果想要在組織中工作的愉快又有效率，妥善管理人際關係是絕對必要的。

利用溝通技巧維持人際關係

維繫、建立人際關係的最重要關鍵就是溝通技巧，又可細分為以下四種能力：◆**反應技巧**：包含傾聽與同理心，站在對方的立場，支持他的情緒與想法，再提出不同的觀點供他參考，稱讚他的具體行為，如果對方也願意聆聽，提出具體可行的建設性批評，讓他能有效修正行為。◆**表達技巧**：在使用語言上避免術語、不必要的專有名詞和冒犯、排斥性的字眼，在肢體上避免表現不當態度，如攻擊、高壓、防衛等姿勢。◆**說服技巧**：理由、信譽與感性是說服別人最常用的三大訴求，不過，有些時候沒辦法完全兼具，或者要說服的人特別在乎某些層面，那麼在說服的時候就必須判斷並選擇最適當的說服策略。◆**化解衝突技巧**：面對衝突時，一般會有退縮、投降、攻擊、說服和討論等應對方式，比較有建設性的方法應該是在雙方都有意願解決的前提下，設法以平等的方式進行協商，適當運用幽默技巧，以合作代替競爭，為雙方立場著想，以創造雙贏局面。

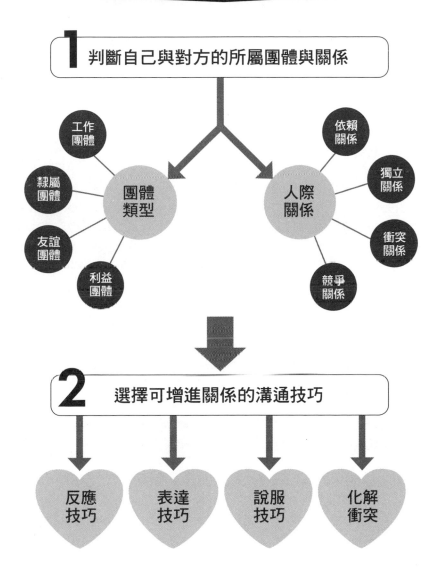

組織中的人際關係

1 判斷自己與對方的所屬團體與關係

工作團體
隸屬團體
友誼團體
利益團體

團體類型

人際關係

依賴關係
獨立關係
衝突關係
競爭關係

2 選擇可增進關係的溝通技巧

反應技巧

表達技巧

說服技巧

化解衝突

如何偵測及排解工作壓力？

適度的工作壓力可以讓我們保持警覺、提高表現，但壓力一旦過大，就會使人產生種種生理、心理症狀，不但降低工作效率，阻礙組織發展，連帶的損失個人的健康與生活，所以，如何降低工作壓力不僅是主管應該關心的課題，也是每個工作者應該學習的工作技能。

偵測工作壓力警訊

要降低工作壓力的第一步就是先察覺壓力的存在。壓力所造成的影響有很多是觀察不到的，如肝臟病變、心臟負荷過重等；不過有很多警訊可以被觀察得到，例如：一、工作表現跟過去有明顯落差，如果沒有其他因素，可能是因為長期在過大的壓力下工作，再也無法負荷所導致。二、上班時才會出現的身體不適，但休假時就不藥而癒的偏頭痛、胃痛、四肢無力等。三、情緒不穩、易怒，或是不明原因的恐懼感與沮喪、焦慮等。四、記憶力變差，注意力無法集中，容易忘東忘西。

找出工作壓力因素

發現壓力後，接下來就必須設法找到壓力源，才能對症下藥以降低壓力，通常造成壓力的因素有：◆**工作本身**：工作過於單調或困難、環境不良、急迫的時限要求、工作負荷過重等，都會使工作者產生壓力感受。◆**工作角色**：如果工作者不瞭解工作內容以及他人期待，就會因為工作角色模糊而感到焦慮，此外，如果工作角色與生活角色產生衝突也會形成焦慮，例如：經常需要出差的經理人就沒辦法扮演好父母的角色。◆**職涯發展**：升遷太快或太慢、沒有未來感與安全感、發展的方向與自己生涯規畫不符時都會產生壓力。◆**人際關係**：好的人際關係可以讓人願意做不喜歡的工作，相反的，不好的人際關係則會讓人因為壓力過大而放棄喜歡的工作。◆**組織氣氛**：如果組織中各項與員工有關的決策都不讓員工參與，忽略員工反應，而且為了防範某些小問題而訂定一堆不合理的規定，就會讓人感到壓力。◆**中年危機**：覺得自己已屆中年卻一事無成，害怕被淘汰所形成的壓力。◆**家庭問題**：夫妻對金錢分配、性生活、孩子的教育問題以及其他相處問題都會間接影響工作。◆**通勤問題**：很多人為了避開塞車時間而早出晚歸，無形中也會成為工作壓力。◆**財務危機**：薪資如果不足以應付個人財務支出就會引發危機。◆**個人因素**：個性、對模糊性的忍受程度、情緒管理的能力、對工作價值的看法、對工作的投入程度……，這些個人因素都會影響工作壓力出現的頻率與強度。

工作壓力

發現工作壓力警訊

- 工作績效不佳
- 記憶力變差
- 身體不適
- 情緒不穩

找出工作壓力來源

- 工作本身
- 工作角色
- 人際關係
- 職涯發展
- 中年危機
- 組織氣氛
- 家庭問題
- 通勤問題
- 個人因素
- 財務危機

面對工作壓力心態

- 積極解決
- 對症下藥
- 絕不逃避
- 勇敢面對

康復

173

Chapter **10**
本土心理學與
女性心理學

　　心理學說穿了就是一套理解、描述、預測人類感覺、知覺、思想、情緒、經驗、意識、行為等人性現象的種種觀點與知識。不同的理論家基於不同的關心面向，以及對人不同的假設，就會產生不同的觀點與知識，也就產生了不同的心理學理論，比方說，以孟子的性善說與荀子的性惡說來理解一個人的行為，就會產生非常不一樣的解釋，但是因為過去心理學假設人的心理普世皆同，所以許多應該用不同角度來理解的對象就被心理學給忽略了。「女性心理學」、「文化心理學」與「本土心理學」就是近年來心理學家經過反省後所提出的新領域，本章將簡單的說明心理學反省的意義以及新興心理學獨立存在的必要性。

● 女人心海底針這句話是事實嗎？
● 男性跟女性的想法有什麼不同？
● 同為女人想法還是不同嗎？
● 中國人為什麼講人情、好面子？
● 如何擺脫人情壓力？

對西方男性傳統心理學的反省

台灣自有心理學開始直到現在，大部分的心理學知識都是由西方傳承過來，尤其是以美國男性為對象所發展出來的理論，而且這些理論假設全世界所有的人都有相同的心靈狀態，所以研究結果應該可以用來說明、理解全世界的人，然而，這種主張卻可能使我們離想要瞭解的對象越來越遠，甚至產生誤會。

同一個理論無法適用全體

在發展心理學談到判斷是非對錯的道德發展歷程時，一定會提到柯柏格的三層次六時期理論，他主張全世界所有人的道德判斷標準都會按照一定的順序發展，道德判斷的依據越符合「公平正義」的原則，那麼他的道德層次就越高。然而，用同樣的測驗方式來評估女性的道德發展，卻發現大多數的女性道德發展層次都很低，難道是因為女性都比男性不道德嗎？為了回答這個問題，柯柏格的學生姬莉根認為女性在判斷事情的是非對錯時，並不是以符不符合公平正義的要求為指導原則，而是以「關懷與憐憫」作為決定標準，比方說在爭孩子監護權時，女性可能會思考誰比較不會傷害孩子，而可以給孩子較好的生活條件，男性則經常以公平與否作為抗辯的標準。結果，以姬莉根所發展出來的道德架構分析男、女生道德發展時，竟發現女性道德發展其實比柯柏格所測驗出的要高。

其實，一般人做道德判斷時，本來就不是只有單一標準，正義與關懷都可能成為你內心的標準，如果用柯柏格的道德階段來檢驗東方民族，如台灣人的道德發展也是到較低的階段，這跟不同文化對於是非對錯的看法不同有關。所以，假設所有的人類都有同樣的道德發展階段，就可能對不同文化、不同性別的人產生了誤解。

開放不同研究角度的心理學

這樣的西方男性心理學傳統還可能窄化了研究的範圍，或者採用不當的方式進行研究，導致研究結果產生偏誤，比方說，對中國人來說很熟悉也很重要的「忍」、「孝道」、「面子」，以及對女性來說很重要的「月經」、「兼顧家庭與工作的困難」、「婆媳關係」等議題，可能就不是傳統心理學所關心的主題。就算研究者對這些主題感興趣，也可能因為使用的研究方式錯誤，而無法進一步理解要研究的對象。所以，我們應該進一步發展多元文化、多元價值與觀點的心理學，例如：女性心理學及文化心理學，真正貼近各種處境下不同個體的心靈、經驗與行動意義。

不同角度的心理學

近年來各地蓬勃發展的本土心理學，基本上就是文化心理學積極發展的方向之一。

本土心理學關心的主題

孝道	緣份	送禮行為	婆媳問題
人情	面子	民間信仰	其他本土心理文化現象
關係	報恩	權威性格	

女性心理學關心的主題

母親角色與女性心理的關係	月經對女性的影響	女性性別特質
女性的發展歷程	女性的親密關係	性侵害與婚暴
職業婦女的衝突	婆媳關係	以女性角度檢視其他心理學主題

中國人的人情與面子

在本土心理學中，研究中國人特有的心理現象是協助大家理解中國人的重要方向，近年來也已經累積了許多不同於西方心理學的理論知識，比方說中國人的價值觀、孝道與民間信仰等，透過介紹「中國人的人情與面子」，我們更能體會本土心理學的發展意義，並進一步理解中國人的心理。

人情是施展權力的方式

在中國人的社會中，人與人之間的交往常常受到人情與面子的影響，「講人情」、「做面子」是維持人際關係的重要基礎之一，和某些人交往必須講究面子功夫，和另外一些人往來卻完全不需顧忌，這到底是為什麼呢？對大部分的中國人而言，人情跟金錢、物資一樣，是一種可以用來分配的資源：如果我幫你、給你東西、滿足你某些需求，那麼，我就是「做人情」給你，「做人情」的人預期「受人情」的人應該會在將來「回報人情」，當然，「做人情」的人也可能是為了避免被「報復」。所以，「人情」是一種可以交換、儲存的資源，是中國人使用權力的一種方式。

從關係判斷給不給人情

在決定要不要看人情、面子時，第一步就是先判斷自己跟對方的關係，不同的關係就會有不同的對待方式：

一、情感性關係：穩定而長久的關係，可滿足關愛、溫情、安全、歸屬感等情感需求，例如家庭關係，關係中的人以滿足彼此需求的需求法則來分配資源。

二、工具性關係：短暫而不穩定的關係，以彼此的關係作為獲取其他目標的工具，雙方依據公平原則來分配資源，個人會計較付出與回報之間是否公平。

三、混合性關係：有一定程度的情感關係，但又不像情感性關係一樣深厚到可以表現出真誠的行為，混和關係通常是在多人的人際網絡裡發生，彼此往來時會顧及網絡中其他人，依據人情法則來分配資源。

刻意經營面子功夫

「面子」跟「人情」是可以被運作出來，更需要被不斷維繫，所以許多人為了要討好對方，便會做很多面子功夫，舉凡打理門面、大宴賓客、結交權貴、送禮逢迎等。面子跟人情也會給人帶來困擾，而規避人情的方法，像是嚴格執行公私分明的原則；或者離開原來混和性關係，甚至乾脆在心理上跟某個人斷交、劃清界限。

人情關係

請求協助的人

1.套關係
2.加強關係

做面子 →

分配資源的人

STEP 1：判斷關係

工具性
關係

混合性
關係

情感性
關係

STEP 2：決定分配資源的方式

公平
原則

人情
法則

需求
法則

陷入人情困境
考慮代價與回報

做人情
提供協助，
等待回報

規避人情
1.拖延
2.堅持公私分明
3.離開混合性關係
4.心理上劃清界限、
　斷交

不同於男人的女人

目前流通的心理學知識大多是由男性思考模式所創造出來的，很多時候不能夠幫助我們真正理解女性的心理，所以，對於女性心理的研究除了必須找出女性特有的主題外，也必須以女性思考、溝通的方式來提出問題。

同為女人想法還是不同

在傳統心理學裡，我們最常在「性別差異」與「性別角色發展歷程」中看到女性的蹤跡，在這些研究中，大多假設男女性由於生理構造不同，所以在體力、認知能力、氣質與人格特質上都會有所不同，不過這樣的假設卻沒辦法解釋人類學家瑪格麗特‧米德對三個原始部落男女性別氣質的調查。她調查了新幾內亞的三個部落，結果發現 Mundugamor 的女性獨斷、精力旺盛、厭惡生養孩子；Kola 的女性則嘮叨又刻薄，而且經常在丈夫身上施巫術；Arapesh 的女性則充滿母性合作、而且不具攻擊性，跟族裡的男性有同樣的特質。可見男性、女性、或者兩性間的關係反映的並不只是生理上的差異，反而是他們所處的文化與社會。所以，探討女性心理時，必須考慮她們所處的社會文化脈絡，否則便會發生之前所提及的道德研究中，女性的道德發展比男性低那樣的錯誤。

女性心理深受文化影響

過去由於性別歧視的因素，女性很少有機會為自己說話，如果有機會說話了，也必須用男性的方式來發言，

比方說，一個取得位置的女主管，在社會化的過程中學會了男性攻擊性、重點式的對話方法，而不再以女性的方式來談話。因此要理解女性心理，首先必須貼近女性，瞭解她們所處的社會脈絡，以及她們在這個脈絡下的特殊處境，並學習她們的溝通方式。簡單的切入方式是先辨識出女性與男性的不同，以下是一些例子：**◆生理上的不同**：人類學家發現不同性別的人，在生理上的差異其實不大，不過我們的確在行為與文化上創造了許多性別差異的常規。**◆社會處境的不同**：社會權力不同、需擔負的責任不同、被要求表現的行為也不同。**◆溝通方式的不同**：女性的溝通方式是：創造並維護親密與平等的關係、用被接受的方式批評別人、正確解釋其他女生的談話。男生的溝通方式是：堅持自己的主控位置、保持觀眾注意力、當其他人發言時仍堅持自我。**◆關心的事物與角度不同**：男人喜歡講行動和事件，重視成就與價值；女人則關心私人的親密關係，談話時會引用私人的、家庭的事情以及自己跟別人的關係。男人在乎他們做了什麼、得到什麼；女人則在乎她們是誰、給了什麼。

女性溝通方式

非語言溝通

- 坐成一圈，確保看見每個人
- 成員們會以動作或手勢表達對發言者的理解與鼓勵
- 多人一起對發言者講話，或彼此交談，發言者也不受干擾，繼續發言
- 不時碰觸對方的手
- 對話過程看得出是深入、有意義而且愉快的

女性私下溝通模式

- 談話過程經常保持禮貌並表達同理心
- 安靜的女人會被邀請發言
- 不以直接的方式解決衝突
- 領導者一直在換，以確保每個人都能有主導權
- 私人式用語經常出現，如：妳、我、我們、讓我們……
- 笑話大多不具攻擊、競爭性，讓成員們更覺親近
- 不在乎發言次序與發言權，多人同時發言很常見
- 不像男人的獨白式發言，女人談話是互動的、彼此支持的
- 發言通常不會以結束的形式停下來

輔助語言

- 有很多笑聲
- 開始說話前會發出m的音，發言過程中其他人會發出嗯嗯聲
- 發言的音調跟語調不斷快速變化，大小聲、高低音、快慢……

1. 《20世紀心理學》，莫雷著，廣東：高等教育出版社，2002年。
2. 《DSM-IV精神疾病診斷準則手冊》，孔繁鐘等譯，台北：合記圖書，1999年。
3. 《人格心理學》，黃堅厚著，台北：心理出版社，1998年。
4. 《人格理論》，陳正文等譯，台北：揚智，1997年。
5. 《人類發展：成人心理學》，張慧芝譯，台北：桂冠，2002年。
6. 《女性心理學》，危芷芬等譯，台北：五南，1996年。
7. 《工商心理學導論》，李慕華等譯，台北：五南，1996年。
8. 《中國人的心理》，楊國樞主編，台北：桂冠，1998年。
9. 《中國人的心理與行為-理念及方法篇(1992)》，楊國樞等編，台北：桂冠，1993年。
10. 《心理治療與諮商理論》，游橫山等譯，台北：五南，1999年。
11. 《心理治療與諮商理論-觀念與個案》，游恆山等譯，台北：五南，1999年。
12. 《心理學：適應環境的心靈》，李茂興等譯，台北：弘智出版社，2000年。
13. 《心理學》，洪蘭譯，台北：遠流，1995年。
14. 《心理學》，游恆山譯，台北：五南，1999年。
15. 《心理學史》，李維譯，台北：桂冠，1996年。
16. 《心理學的故事》，李斯譯，台北，究竟，2000年。
17. 《心理學思想的流變》，張春興著，台北：東華出版社，2000年。
18. 《心理學導論》，孫丕琳譯，台北：桂冠，1994年。
19. 《心理學辭典》，李伯黍等譯，台北：五南，2003年。
20. 《本土心理學的開展》，楊國樞編，台北：桂冠，1993年。
21. 《生命史與心理傳記》，丁興祥等譯，台北：遠流，2002年。
22. 《生理心理學》，邵郊編著，台北：五南，1993年。
23. 《如何研究中國人》，楊中芳著，台北：桂冠，1996年。
24. 《艾瑞克森自我認同的建構者》，廣梅芳譯，台北：心理出版社，2001年。
25. 《行動科學》，夏林清譯，台北：遠流，2000年。
26. 《社會心理學》，丁興祥等著，台北：國立空中大學，1988年。
27. 《社會心理學》，張滿玲譯，台北：雙葉書廊有限公司，1999年。
28. 《社會科學的理路》，黃光國著，台北：心理出版社，2001年。
29. 《健康心理學》，朱敬先著，台北：五南，1992年。
30. 《張氏心理學辭典》，張春興編著，台北：東華出版社，1989年。
31. 《教育的文化：文化心理學的觀點》，宋文里譯，台北：遠流，2001年。

32. 《現代心理學》，張春興著，台北：東華出版社，1991 年。
33. 《現代哲學論衡》，沈清松著，台北：黎明出版社，1994 年。
34. 《組織心理學》，陳漳儀著，台北：心理出版社，1995 年。
35. 《發展心理學》，張欣戊等著，台北：國立空中大學，2001 年。
36. 《發展心理學》，蘇建文等著，台北：心理出版社，1991 年。
37. 《劍橋哲學辭典》，王思迅等譯，台北：貓頭鷹，2002 年。
38. 《諮商與心理治療的理論與實務》，李茂興等譯，台北：揚智，1994 年。
39. Al-Issa,Ihsan. (1982). Gender and psychopathology. New York, N. Y. : Academic Press.
40. Anderson, E. (1994). Social psychology. New York: HarperCollins .
41. Carlson,Neil R. (1984). Psychology : the science of behavior. Boston : Allyn and Bacon.
42. Eiser,J. Richard. (1986). Social psychology : attitudes, cognit ion, and social behaviour. Cambridge : Cambridge University Press
43. Josephs,Lawrence. (1992). Character structure and organization of the self. New York : Columbia University Press.
44. Kimble,Charles Emerson. (1990). Social psychology : studying hu man interaction. Dubuque, Iowa : W.C. Brown Publishers.
45. McDougall , William. (1645). Psychology. New York : Oxford.
46. Schultz, Duane & Sydney Ellen Schultz. (1994). Theories of pers onality. CA:Brooks/ Cole Publishing Company.
47. Smith, J. A. (2000). Qualitative psychology. London: Sage.
48. Unger, R. (1991). Woman and gender. A feminist psychology. USA: McGraw- Hill, Inc.
49. Wrench, David F., Wrench, Chris. (1973). Psychology; a social a pproach. New York : McGraw-Hill.
50. Zimbardo, P.G. (1991). Psychology and life. New York: HarperCollins.

國家圖書館出版品預行編目資料

圖解心理學 / 曾寶瑩著. -- 修訂初版. -- 臺北市：易博士文化, 城邦文
化出版：家庭傳媒城邦分公司發行, 2017.07
　　面；　公分. -- (Knowledge bASE系列)
　ISBN 978-986-480-022-3(平裝)
　1.心理學
　170　　　　　　　　　　　　　　　　　　　　106009857

DK0074
圖解心理學【修訂版】

作　　　　者／曾寶瑩、易博士編輯部
企 畫 提 案／蕭麗媛
執 行 編 輯／賴靜儀、呂舒峮
企 畫 監 製／蕭麗媛

業 務 經 理／羅越華
總 　 編 　 輯／蕭麗媛
視 覺 總 監／陳栩椿
發 　 行 　 人／何飛鵬
出 　 　 　 版／易博士文化
　　　　　　　城邦文化事業股份有限公司
　　　　　　　台北市中山區民生東路二段141號8樓
　　　　　　　電話：(02) 2500-7008　傳真：(02) 2502-7676
　　　　　　　E-mail: ct_easybooks@hmg.com.tw
發 　 　 　 行／英屬蓋曼群島商家庭傳媒股份有限公司城邦分公司
　　　　　　　台北市中山區民生東路二段141號2樓
　　　　　　　書蟲客服服務專線：(02) 2500-7718、2500-7719
　　　　　　　服務時間：週一至週五上午09:30-12:00；下午13:30-17:00
　　　　　　　24小時傳真服務：(02) 2500-1990、2500-1991
　　　　　　　讀者服務信箱：service@readingclub.com.tw
　　　　　　　劃撥帳號：19863813
　　　　　　　戶名：書蟲股份有限公司
香 港 發 行 所／城邦（香港）出版集團有限公司
　　　　　　　香港灣仔駱克道193號東超商業中心1樓
　　　　　　　電話：(852) 2508-6231　傳真：(852) 2578-9337
　　　　　　　E-mail: hkcite@biznetvigator.com
馬 新 發 行 所／城邦（馬新）出版集團【Cite(M) Sdn. Bhd】
　　　　　　　41, Jalan Radin Anum, Bandar Baru Sri Petaling,
　　　　　　　57000 Kuala Lumpur, Malaysia.
　　　　　　　電話：(603) 9057-8822　傳真：(603) 9057-6622
　　　　　　　E-mail: cite@cite.com.my
美 術 編 輯／偉恩個人工作室、簡至成
內 頁 插 畫／溫國群
封 面 構 成／簡至成
製 版 印 刷／卡樂彩色製版印刷有限公司

■2004年06月29日初版
■2011年04月19日大字版初版
■2017年07月11日修訂初版1刷
■2022年10月13日修訂初版6刷

ISBN 978-986-480-022-3

城邦讀書花園
www.cite.com.tw

定價300元　HK$ 100